我不想做一个“通情达理”的好姑娘

朱迟迟 作品

好姑娘得到一个“好”字，

“坏姑娘”得到所有。

▼▼

长江出版传媒 | 长江文艺出版社

新出图证（鄂）字 03 号

图书在版编目（CIP）数据
我不想做一个“通情达理”的好姑娘 / 朱迟迟著.
-- 武汉：长江文艺出版社，2016.9
ISBN 978-7-5354-8996-8

Ⅰ.①我… Ⅱ.①朱… Ⅲ.①随笔-作品集-中国-当代 Ⅳ.①I267.1

中国版本图书馆 CIP 数据核字（2016）第160676号

责任编辑：吴 双 张璞玉　　责任校对：韩 雨
封面设计：仙 境　　责任印制：张 涛

出版：长江出版传媒 | 长江文艺出版社
地址：武汉市雄楚大街 268 号　　邮编：430070
发行：长江文艺出版社
北京时代华语图书股份有限公司　（电话：010-83670231）
http：//www.cjlap.com
印刷：三河市宏图印务有限公司

开本：880毫米×1230毫米 1/32　　印张：8.5
版次：2016 年9月第1版　　2016 年9月第1次印刷
字数：190千字

定价：39.80 元

目录

CONTENTS

第一念　你是你最珍贵的礼物

第二念 婚姻如城，突围是学问

第三念 行走在尖锐的碎宝石上

第四念　生活是海，你是船

第一念

01 你是你最珍贵的礼物

- 我不想做一个“通情达理”的好姑娘
- 照顾别人前，先把自己照顾好
- 长期单身病
- 别总拿努力当借口
- 做个“正常”女生
- 你以为当家庭主妇很轻松吗?
- 就算60岁，也该保持少女情怀
- 我们为什么要有马甲线
- 做一颗珍珠

我不想做一个通情达理的好姑娘

从小我妈对我的教育，就是要求我做一个通情达理的好姑娘。小时候是非观还没建立，不知道做一个通情达理的好姑娘究竟是好还是坏，就按照“凡是我妈说的都是对的，如果不对请参照上一句”来执行。于是这么多年，我一直好好学习、多交朋友、活泼开朗、嘴甜礼貌、凡事忍让、理解每一个和我接触的人，即使对方根本就是个烂人。

就这样，我一直秉持着这样的信念长到了二十五岁，遇到了我这一生唯一的男人——我的老公大熊。

大熊是我大学学长，比我早两年毕业，他很优秀，上班第二年升经理，第三年升总监，第四年在这个城市买了房。后来，我就顺理成章地嫁给了他。怀孕初期，我吐得厉害，他跟我说，干脆不要上班了。于是我就选择了辞职，成了年轻的家庭主妇。

听起来很幸运是不是？没有经历缠绵悱恻要死要活伤心断肠的爱情，年纪轻轻就嫁了绩优股，刚一怀孕就在家养着，过上了早睡晚起的生活……然而婚姻这种事，就如那鞋子，合不合脚，只有自己知道。

我和大熊的感情没什么问题。我既然待在家里，时间比较多，那就努力把小家庭照顾好。虽然孕期吐起来很难受，但也就那两三个月。孕初期过后，不适感消失，我主动承担了大部分的家务活。但大熊怕我太辛苦了，就请了个钟点工来家里打扫卫生，我所要做的，就变成了买菜做饭，洗洗衣服，每天晚上帮大熊熨烫第二天要穿的衬衣而已。孕晚期的时候，大熊的妈妈说要来照顾我，我个人觉得没必要，我能自己搞定。但他们总怕我出危险，坚持要来，我是个通情达理的姑娘，没多想也就答应了。

大熊的妈妈，也就是我的婆婆倒是挺好的，但是由于我们的年龄和价值观相差很大，很多地方都达不成统一的意见。我是小辈，再加上我的通情达理，所以大部分情况下我都是顺从她的。她不喜欢我每周买鲜花，嫌浪费钱，我就依她；她不喜欢我看电视时把脚翘在茶几上，我也依她；她不喜欢我不吃肉只吃菜，我还依她，直到实在吃不下为止。

然后我就生了，她理所当然地留在这里照顾月子。可我没想到，我出院回家没几天，大姑子带着三岁的儿子也来了，她那大包小包，明显就是想要长住的架势。本来我妈也打算那些天过来的，车票都买好了，我跟她说，家里人太多，住不下，我妈比我还通情达理，只好作罢。

我根本没想到，我的整个月子，会在鸡飞狗跳中度过。大姑子一副过来人的样子，指示婆婆给我做各种催奶汤、月子餐。做的东西都是我不爱吃的，我一表示反对，她就张口闭口说是为了我好。这些都无所谓，我都能配合和忍耐，关键是她那三岁的儿子，根本就是一颗不定时炸弹，只要我女儿被我婆婆抱出房间，他就要过去跟她玩。月子里的孩子会玩什么？不是在睡就是半睡半醒。他跟她玩她没回应，他就打她。每次都被大人拦下来了，但有一次，刚好没人看住，他在她右脸颊掐了一下，把她掐得哇哇哭。那个指甲印非常深，现在女儿一岁多了，脸颊上的印痕都还没完全消掉。

那次之后，我就再也不肯让她们把孩子抱出去了，谁要抱都不行，除非那“小炸弹”不在。为这事，大姑子还跟我怄气，说孩子们闹着玩，我未免太过于小气了。就连大熊也一直说，都跟小外甥讲清楚了，他不会再欺负妹妹了。我通情达理呀，犹豫了半天，还是让抱出去了。连着十多天倒是平安无事，除了他喜欢对着小孩子的耳朵大声叫以外，并没有别的大问题。可让我万万没想到的是，月子快结束时，他在沙发上蹦蹦跳跳，突然倒向抱着孩子的婆婆，婆婆没来得及躲，他把我女儿的小腿生生压骨折了！

出了事，大姑子自己住不下去了，灰溜溜地走了。过了一段时间，我妈来了，婆婆就回去照顾大姑子去了。等到女儿四个月的时候，家里有事，我妈就回去了，婆婆说她来照顾我和女儿。

我一想到她在我家时我的委曲求全，顿觉心中一滞，便说自己没问题，没有让她过来。

我一个人带孩子，大熊周末帮忙，家里还有钟点工做一部分家务，倒也忙得过来。虽然有时候会很烦，但我的家是我说了算，家具怎么摆，孩子穿什么，都是我一个人说了算，自由的感觉一直都在。

就这样，又过了两个月，就到春节了。孩子小，我们不打算回老家过年，婆婆和公公便带着腊肉腊排骨一起过来了。公公抽烟，他在客厅，我就只能抱着孩子待在卧室里。孩子还在母乳期，家里多了一个男性，多少都会让我感觉很不方便。更让人反感的是，婆婆每次做饭都让我在旁边看着，每做一个菜就说，这个是大熊喜欢吃的，你将来做给他吃——当我不会似的。就算不会，网上搜菜谱多方便，何必要让我抱着孩子守着，让几个月大的孩子跟你一起吸油烟？

这让我感觉很不舒服，后来她再叫我去厨房，我就找各种借口不肯去。没想到几次之后，她竟然改变了“策略”，只要到了做饭时间，她就过来抱孩子，指挥我去做饭，还美其名曰，教了我这么多天，我总该学会了吧！虽然我觉得这样不对，但我是个通情达理的好姑娘啊，他们没来时，我也亲手做给我们一家三口吃，现在不过是多了两个人而已。于是事情就变成了，不做饭的时候我带孩子，做饭的时候我去做饭，她带孩子。多做两个成年人的饭，工作量至少增加一倍好吗？我累是累了点，却也只敢晚上跟大熊抱怨抱怨，白天对着他们，仍然是一副笑脸。

是的，通情达理的姑娘，很重要的一条就是要懂得体谅父母。她把大熊养大多不容易，我平白得一个这么好的丈夫，不过是做做饭而已，又算得了什么呢？

大年初六，大姑子带着儿子来了，带着东西过来给我们拜年。因为我们不在一个城市，她并不是来了就走，而是打算住些日子。我根本没想到，她这一住就是半个多月。

作为一个新手妈妈，身份的转变尚未适应，就不得不招待一大堆客人，辛苦加倍。本来心态调整的还挺好，因为客人的到来，变得有些抑郁和厌食，脾气也变得极坏。大熊发现这样不对，委婉地和他的亲人谈了谈，总算把他们送走了。

之后，我和大熊进行了婚后第一次最严肃最认真的“谈话”。我们开诚布公谈到了“界限”。亲戚和亲人之间，应该保持的界限。大熊说，朱迟迟，你之所以压抑自己，不肯把真实想法跟他们说，是不想我为难吧！可你这样，也就太委屈自己了。你不必如此，生活在这个世上，自己感觉舒服才是最重要的。

也就是那一刻我才知道，我那个什么都没说的丈夫，把所有的一切都看在眼里。

就这样又过了半年，女儿要过一岁生日了。婆婆打电话给大熊，说要来给女儿过生日，这种事大熊肯定不会不答应。我当时没说什么，过后给婆婆发短信说，孩子在学走路，家里没人做饭只能到外面吃。钟点工家里有事，请了假，也没人收拾屋子。你们要来，提前告诉我，我订宾馆，住几天我订几天，钱我出，您别跟我客气。

我知道，作为一个通情达理的好姑娘，不应该这样跟婆婆讲话，婆婆要来，我即使心里不愿意，嘴上也要说欢迎。然而短信发出去的那一刻，我却长长地舒了一口气。我今年 27 岁，活了这 27 年，第一次因为拒绝而感觉到扬眉吐气。婆婆不笨，我这样一说，她也就明白了，我其实并不希望他们来打扰我们一家三口的生活。

第二天，婆婆给我打了个电话，我们聊了一会儿。本来我还担心婆婆会不会因为我的拒绝而生气。后来才发现，并没有。她之所以想来，也是出于对我们的关心。我的拒绝，第一次让她反省，之前是不是有什么地方做的不对。

话聊开了，一切都好说。我也是那之后才明白，良性的沟通模式，不是你说什么我都说好。而是在不必通情达理的时候，勇敢地说“不”。

照顾别人前，先把自己照顾好

我妈是一个特别操心的人，每天操心我爸，操心我。上午的时候就在操心中午下班回家做什么饭，下午的时候，又开始操心晚饭了。她总是担心她少做一顿饭，我们就会饿肚子。以前我每次出门，她都担心我衣服带得不够，或者钱不够花。后来我结婚了，嫁给了大熊，还生了个很漂亮的女儿小宁。明明我的日子过得还不错，她还总时不时告诫我，要照顾好老公，照顾好女儿。只有把家里的每个人都照顾好了，我才会好。

我一开始认为她说得很对。不就是这样吗，在内心世界里，每个人都是一座孤岛，但在现实生活中，哪一个人都不是孤零零从石头缝里蹦出来的，都有亲人，都有牵挂，只有身边的每一个人都好了，自己才没有桎梏，才能勇往直前。

直到最近，我才觉得她说得根本不对。

她生病了，胃溃疡，这个病说大不大，但也不算小。住院那段时间，她只能吃流食，就算过些天出院了，在吃喝方面也要注意。

另外，胃病是很难痊愈的，她得用剩下几十年的时间来养胃，不然，极有可能还会复发。

她是怎么病的呢？说起来好笑，我出嫁之后，家里就只剩下她和我爸。我爸被单位派出去学习三个月，在那三个月里，她一个人在家，每天白菜煮面条，不放油盐。有时候懒得吃了，干脆就不做饭，啃个黄瓜就是一顿。就这样，她把自己的胃折腾坏了，严重到要住院的地步。

我问她为啥我们在家，她每顿至少三菜一汤，不在家她就这样将就。她说，我们在的时候，是做给我们吃的。我们不在，她一个人就懒得做，做了也吃不下。

她有多爱惜我们，就有多不爱惜自己。

因她生病，我爸的学习临时中断了，请假回家照顾她。我爸不会做饭，我也只能暂时“抛弃”丈夫，抱着一岁多的女儿，乘火车回家，承担起给她做好饭，然后送到医院里的任务。

我和我爸很心疼她的身体，为转变她的观念，嘴上就埋怨她，怪她没把自己照顾好，才打乱我们的生活。她嘴硬，一直说她没事儿，不用大惊小怪，她不需要照顾。

把我们给气的。

好不容易等她出院了，我也该离开了。我临走时，她又给我准备了大包小包的东西，还交代我照顾好大熊，照顾好女儿。还是那套理论：我的家人都好了，我才会好。

几句话把我给说火了。我脱口而出：“不对！要相互照顾好了，一家人才会好。就像你一样，你的身体照顾好了，你的丈夫才不用专门请假回家照顾你，耽误工作；你的女儿才不用千里迢迢带着孩子过来给你做饭；你的女婿也不至于天天吃食堂和外卖；你的外孙女也不必生活在不熟悉的地方，吃不好睡不好，总是在夜里啼哭。”

我的语气有些重，我妈一时不知道该说什么好，只好嘟囔两句便不说话了。

不就是这样吗？每个人看起来都像是在为别人而活。像大熊，他努力工作，才能赚钱养家，养我和小宁。我把家照顾好，把女儿带好，把每一顿饭做好，我的丈夫才有一个温馨安逸的后方。

我有一个闺蜜小萤，她是典型的职场女强人。和她同时进公司的实习生一共有五个，三年后，她是小组长，单独负责组里的项目，那五个人当中有两个是她的手下，有两个看不到希望已跳槽，有一个因为能力不行被辞退。我有天问她，那俩跟她一起进公司的实习生，现在作为她的手下，心理能平衡吗？

她说，一开始是有些不平衡的，后来发现在我身上能学到东西，就好多了。

我问，学什么？你们同时进公司，都是新人，都要学习，你还能教别人？

小萤说，我教他们的，不是工作技能，而是工作方法。我们每次做项目，一般都是配合着做。但也有分工，一个项目拆成很多块，每个人分一部分，最后大家拼到一起去做。实习生手里也有活，都比较细碎，更多的时候是帮老员工做事。那个能力不足被辞退的，也不是真做不了事情，主要是他人太好，每次老员工叫他帮忙做事，他为了不得罪他们，总是第一时间做。这样他手里的事情，就只能往后推，或者用加班时间做。而我只要手里的事情没做完，别人叫我帮忙，我都会说，等下，等我这件事做完再说。或者干脆列张单子，把每个要我帮忙的人和事都记下来，告诉他，你排在第几，大概什么时间我能帮你做。老员工见我不好指使，就都去找他，他的事就越来越多，加班也越来越晚，事情都积在他手里，都没做好，反而大家对他评价特别低。实习期结束的时候，我的评语上写的是，独立完成工作能力强，但配合度略差，而他却因为工作效率低被开除了。

我现在的手下，其中有一个实习期结束时，评价比我高很多，大家都以为他会先升职，没想到最后是我先得到了提拔。主要是因为那个什么都帮人做的人被辞退了，剩下我们几个，我是最不好支使的，老员工就只能换人去支使。于是几个留下来的人中，我的事情总是做得又快又好。等我全部做完了，还有时间去问别人需不需要帮忙。你知道，大部分人的习惯都是先从简单的事情做起，最后攻克难的。这样每次我给别人帮忙的时候，都在帮着做一些艰难的事。我的能力得到了锻炼，还不用沦为跑腿的。我的工作能力越来越强，团队贡献有目共睹，虽然各个都知道我比较“自私”，但升职的时候，还是最先轮到我。

我很惊讶，问她，如果每个人都像你一样，还要团队干什么？

她说，团队协作是另外一回事。我的意思是，先把自己的事情做好，再去考虑团队。假如说，团队协作是齿轮的话。每一个螺丝都不出问题，齿轮才能正常运转。先保证自己这个螺丝是最好最优秀的，才能不拖累其他螺丝，而且还有可能给整个齿轮加分。

我觉得她说得很有道理。跟她聊完天之后，那天晚上回到家，我跟大熊开玩笑说，我们是一家人，你负责赚钱养家，我负责貌美如花。你一定要努力工作，争取多发奖金。你奖金发得多，我们每天就可以多加一个菜，年底还有余钱进行一次短途游。你可千万不能失业，你一旦失业，我们可能连房贷都还不起了。

大熊笑笑说：“是啊，只有相互照顾好了，我的世界才会好。”

长期单身病

情感专家们的读者都是谁？我估计大部分是单身狗。

有家有口有对象有满满爱的人，整天腻在一起都来不及，哪儿有时间去看情感专家的文章啊！

只有单身狗，才会边抠脚边看情感专家的高论意淫：对，那个男人真可恶，早该踹他个十万八千里；哎，这个女人怎么这么没出息呢？他都那样对你了，还不离开他；离婚！这种情况就该离婚啊！让他净身出户……

看着情感专家笔下的案例，恨不得一个个都化身为情感专家，祭出最正的三观，替故事的主人翁暗暗着急，边庆幸边感叹：还好我没遇到这种人。当然了，以我的睿智我也不可能遇见这种人。

好了好了，先不管别人的感情是好还是坏吧，你的那个他呢，他究竟在哪儿呢？什么时候才会出现在你面前呢？

我前几天看了一篇文章，剖析女孩子怎样做才会得到男人的爱，结论是：爱得比他少。

现在市面上流行这样三个观点：1.先说出那三个字，你就输了；2.爱得多的那个人，永远不可能赢；3.他能伤害你，不过是仗着你爱他。

立场多么明显，仿佛只要不表白、不爱、爱得比他少，就能永远屹立不倒似的。

我最近跟一个单身了五年的女性朋友A小姐聊天。A小姐事业不好不坏，占着她这个年龄该有的职位，拿着她这个年龄该有的薪水，有存款，会理财，虽然还没买房，但也快了，有一辆小小的代步车，怎么看，都算得上是都市里的白领精英。

她为人不算精明，但也不差。没有特别聪明，也没有特别笨。她跟我说，早就厌倦了单身狗的日子，恨不得立刻脱单。只是不知道为什么，好像总也找不到合适的人。

我问，是没有遇到能让你动心的那个人吗？

她迟疑了一下说，也不是，心里有一个人，是一个朋友，平时关系挺淡的，节假日发发消息，偶尔朋友圈点个赞。

我问，他知道你喜欢他吗？

不知道。

有表白过吗？

她立刻用眼瞪我，说，我傻呀！不知道他心里怎么想，乱表白，只怕连朋友都没得做。

可是，你不表白，怎么知道他会不会接受呢？就算不接受，把他从心里剔除，换一个人进来，也不至于蹉跎大好时光啊！

她再次迟疑了，说，我想，他若是喜欢我，应该会有所表示的吧！我没有收到他的任何信号，就没办法前进一步。

你为什么不主动给他信号？

她终于理直气壮了，说，我怎么给呀？万一被拒绝了，多难看。我就连喜欢他，都得小心翼翼，生怕被他发现了看低我。他上次还问我，怎么一直不找对象，我跟他说，没有遇到合适的。

我这下子明白了。朋友圈里，整天叫嚷着让介绍对象的就是她这样的人，她看起来比谁都着急，却能喜欢一个人却好几年都不表白。我是她比较亲密的朋友，她会跟我说实话，说心里有那么一个人。那些关系一般的朋友只会说，没人看得上我啊！我没什么要求的，只要长相端正，各方面条件匹配就可以了。再胡乱感叹，唉，遇到合适的那个人，怎么就那么难呢？

都是自欺欺人的谎话，偏偏自己还信了。她没别的病，唯一的一种病，大部分都市单身贵族都有，就是爱无能。

作为一个荷尔蒙发育正常的人类，会很轻易被另外一个人吸引。或许是他大笑时露出的洁白牙齿，或许是刷子般的长睫毛，或许是偶尔抖出来的一个小机灵，或许是突然做了一件让你感觉很暖心的事情……动心分分钟能产生。心里有一个人很容易，可要结束单身，就太难了。

不知道该怎样表白，害怕受到伤害，都只是表象的原因。深层次里，其实是不知道该怎么和异性相处，又中了情感专家们的毒，生怕多付出一分，就吃亏一分。因为不了解异性，就把异性想象成洪水猛兽，怕受伤害，怕遇渣男。以为躲在单身的壳里，就足够安全，就不必受爱情的伤。

其实不是这样的，人与人之间的关系通常是，你先出击，决定权就在你手里。越被动的那个人，受伤害时越出其不意。所以感情里，手握主动权的人，从来不是爱得比较浅的那个，而是拿主意的那个人。

我的朋友 B 小姐，她比 A 小姐稍微好那么一点点。她也单身好多年了，她相对主动一些。心里的那个人，已经结婚，虽然尚未从心中剔除，却早已把他封存在内心深处。她明白，要想结束单身状态，不能等，只能找。于是她积极相亲，参加各种同城派对。B 小姐本身很优秀，外表靓丽，经济状况良好，她很轻易地就吸引了不少单身男士。但是，当他们对她稍有表示时，她就开始各种试探了。用网上看来的关于婚姻心理测试的问题，去问那些男士。比如说，你能接受不结婚就生孩子吗？如果你的女朋友要用自己的钱买一个超出你经济范围的包，你会阻止她吗？

B 小姐自认为，她和那些男士相处的时候，是真诚的，是抱着结婚目的去的。可不知道为什么，那些男人，在跟她打过几次照面之后，无一例外，全都落荒而逃。

B 小姐始终搞不明白问题出在哪里。作为她的朋友，一个旁观者，我立刻就给她指出，她的病，也在于爱无能。

她根本不知道，男女才认识的时候，是荷尔蒙在起作用，相处一段时间，就是优缺点在起作用。一个女人，一旦让男人感觉压力大，或者莫名其妙，哪怕一开始的心动非常强烈，他们也会立刻转身就走。他们的脑部结构和女人不一样，他们不需要试探，他们只会根据你的状态决定下一步的行动。

我知道，B 小姐之所以问这些问题，是因为骨子里她和 A 小姐一样，都没有安全感，都害怕受到伤害，都不敢去“试”一份感情，而是想像高考一样，把所有的题都做对了，然后一击而中，进入婚姻。

她们不明白，当她们没有安全感，害怕受到伤害时，她交往的那个男人，也是一样的。无论是男人还是女人，都是橡皮做的，都经不起反复的摩擦。一开始交往的时候，彼此还不了解，感情尚处于冲动阶段，受到伤害转身就走，是常有的状态，只有经历多年婚姻，有了金钱、利益、孩子的捆绑，从爱人过渡到亲人之后，才会真正去包容另外一个人所有的不合时宜，而不是一开始就无底线对另外一个人好。

所以，那些张口闭口说“我只是想找一个肯包容我，肯真心待我好的人”的女生，你们有没有想过，这样的人，才认识和没有深交的时候，根本就不存在。想要找到这样的人，首先你得学会什么阶段抱什么样的期待，什么阶段做什么样的事情。

心动的那一刻，就在他面前多晃晃，争取更多的出场机会，把最好的一面展现出来。而不是问东问西百般试探，或者干脆当缩头乌龟，躲在单身的壳里自怨自艾。这才是爱的初始能力啊！

别总拿努力当借口

我有一个妹妹，二十出头，还在读大学。过年回家我问她有没有谈恋爱，她告诉我没有。我又问她有没有喜欢的人，她有些迟疑，却还是跟我说，她感觉大学里的男生都太幼稚了，不想和他们谈。而且她觉得大部分的学生恋情，最终都会失败，她不想为此浪费时间。我很惊讶地问，不想在恋爱上浪费时间，那你想在什么上浪费时间呢？她说，什么事情我都不想浪费时间，我只想努力学习，多看书，毕业时能找到一份好工作。

这时候我的另外一个妹妹走了过来，她接过我们的话题说，她也不想谈恋爱，只想遇到一个有感觉的人，相处一段时间，觉得合适就结婚。

这个妹妹二十五六岁，毕业已有两三年，谈过一次失败的恋爱，从此视爱情如蛇蝎，不敢轻易触碰。她天天把“努力”挂在嘴边，朋友圈里转发的文章，尽是“姑娘你为什么不努力”这一类的。她的父母比较开明，很少催她，倒是亲戚们总喜欢问什么时候带个男朋友回来。她每次都说，不着急，等事业做出来了，自然会有好男人出现。

我知道她们对自己秉持的观点深信不疑，这个观点也是近几年的鸡汤主流，无外乎几句话：1.爱情会辜负你，而事业不会；2.越努力，越幸运；3.现在吃的苦越多，未来的路就越宽。

这些观点我都认同。可是如果为了努力而努力，在本该享受爱情的年龄，过得像个苦行僧一样，这又有什么必要呢？

这让我想起亦舒的两本书，描写了两位二十出头的姑娘。

一本是《曼陀罗》里的慕容琅。慕容琅是富家千金，跟家里赌气，跑到尼泊尔一待就是五年。因为相貌出众，被尼泊尔权势最大的男人庇佑，没吃什么苦。回到香港之后，一日被朋友发现她蓬头垢面，状如鬼魅，了无生气，不解她好好一年轻姑娘为何会变得如此狼狈。另外一个了解她的朋友冷笑说，她这个年龄，还有什么比爱情更重要的事？

原来，她只是因为失恋，就生无可恋。

像慕容琅这样的年轻姑娘，没吃过生活的苦，天大的事都大不过爱情，失一次恋，仿佛天都塌下来了。

而《印度墨》里的刘印子，同样二十出头的年龄，却"外表如一朵花的她，内心已经枯竭。只觉得男欢女爱这件事可望而不可即，即使有机会，需要付出的代价也太大太苦，不如做个旁观者”。

刘印子出身贫寒，十几岁就要担负起养家的重任。她的母亲像个吸血鬼一样，总是试图把她苦苦挣来的钱都握在手中，而她还有一个正在上学的妹妹，也要靠她来养。

每一个帮刘印子的男人，都只看中她的美貌。而她也没有别的东西可以交换， 为了生存，为了平步青云，她不允许自己在爱情里沉迷，宁可周旋于各个老男人之间，也不愿意对一个家世良好，爱她如生命的男人交付真心。

刘印子年龄才二十，心境已如老人。步步算计，事事考量，对她来说最不重要的，反而是爱情。

慕容琅和刘印子，是很明显的对比，衣食无忧者，才会单纯如稚子，把爱情看得比天大。为一日三餐奔波者，根本没有时间没有精力，亦没有心思去考虑爱情究竟是什么东西。凭着一知半解，就避爱情如蛇蝎。

那么我的表妹们呢？虽并非大富大贵，但都生于还算不错的城市家庭；虽非饭来张口，但也算得上衣食无忧；虽不会坐享千金，却也不必为了生活去出卖什么，比如说灵魂。

那么，是什么导致她们在本该享受爱情的年龄，却只想着努力？是因为内心深处不信任爱情吗？还是因为竞争压力太大，生怕沉湎于爱情，就落后于别人？甚至是因为在爱情里受过伤，或看过别人如何为爱情受伤，就想着，唯有事业不会辜负自己？

或许这三种原因都有。但在我看来，更多是对未来的不确定和安全感的缺失。对未来不确定，才会想要更多；安全感缺失，才会不相信一个人或一份关系能给自己带来良好的体验。

虽不必像刺猬那样，把戾气化为尖刺，与整个世界为敌。却像蚌，把壳紧闭，屏蔽外界的一切好与坏。

明明生活得不错，却想要更多。明明是该享受爱情的年龄，却因为害怕付出得不到回报，害怕伤心，就屏蔽了自身的需求和渴望。他们不富贵亦不贫穷，是芸芸众生，是再普通不过的普通人。身为普通人才最累，生怕一不小心就跌落谷底，总幻想着稍微努力一下，就能再向上跃一级。于是什么都敢牺牲，自然而然的，个人感情也就可以忽略不计了。

可这又有什么必要呢？他们不明白，抓住现在能拥有的，就已经很了不起了。人会工作大半辈子，直到退休。而会对一个人心动，往往只有年轻的时候才能办到。

我有一些三十多岁的女性朋友，她们二十几岁的时候，未曾真正享受过爱情，因为那时候不懂得放开自己、接纳别人。三十多岁成熟了，才醒悟过来，爱情就是爱情，享受一次就少一次。爱情就如橱窗里一直没舍得买的那件衣服，让人魂牵梦萦，却又让人犹豫不决。等到下定决心之时才发现，它早已被人买走。

最喜欢的爱情观，是《欲望都市》里的四个闺蜜，爱就用尽全力，离开就头也不回。

那四个活得朝气蓬勃的女人，就没有事业吗？不是的，Carrie 是专栏作家；Miranda 是律师；Charlotte 是画廊经理；就连最沉湎于性爱的 Samantha 都自己开着一家公关公司。

由此可见，爱情与面包，并不冲突啊！享受爱情的同时，还能把面包给挣了，这才是自信的女人应该有的状态嘛！

鱼与熊掌不可兼得，爱情和面包却可以共存。仔细想想就不难发现，事业很美好，但爱情比事业美好一千倍不止。那一瞬间的心动、一个眼神、一场对话、一个拥抱、无数次的亲吻和缠绵。从心底开出艳丽的花，灿如朝阳，温暖热烈，朝气蓬勃——这，就是爱情。

爱情可能会伤害你，却也会由内而外滋养你。当一个人陷入爱情时，整个人都是不同的，就像天边的云，突然就被镶上了金边，变得闪闪发光。若只是因为害怕或诸如“姑娘你应该更努力”

这样的原因就屏蔽掉爱情，那简直就是为了一点点身外之物，放弃全世界的节奏啊！

所以说还是那句话，年轻姑娘最糟糕的状态就是，在该享受爱情的年龄却拒绝享受。等到年龄大了，心也衰老了，到时候再想去享受爱情，也无能为力了。到那时，算计、比较会弄浑你的眼，脏掉你的心，你会发现自己再也无法为谁燃烧，为谁跳跃。到那时，剩下的就只有空洞和失落，再想要体验爱情的滋味，也只能从言情小说或电视剧里找找感觉了。

有一位作家曾经说过，所有对现状生活的满意，都源于曾被打落谷底。同理，所有对现状生活的不满，都源于未曾被打落谷底。

明明该享受爱情的年龄，却只想着努力，这不代表着你已看透爱情和生活的真谛，只代表你还未曾真正享受过爱情的滋养。二十多岁说不相信爱情的人，到了三四十岁才会说，我其实什么都相信。

何必年纪轻轻就把自己逼成一个老妪。放松自己，勇敢去爱吧，你要拯救的，不是全世界，而是你自己。再不相爱就来不及了，而努力什么时候都来得及。更何况大部分情况下，爱情和努力是不冲突的，就像我从来不相信，早恋就不能做学霸一样。这世上有太多的人，能一边升职加薪一边把人生大事搞定。

做个“正常”女生

我的朋友小汉又一次失恋了。这已经是他一年内第六次失恋了。“损友”们再次借口安慰他，组局大吃大喝。

小汉毕竟是男主角，按照惯例，酒足饭饱之后，就该把他被甩的惨痛经历拉出来遛遛，让我们开心一下了。哪知道这次完全不一样。

小汉说：“这次是我甩她，不是她甩我。”

我们大吃一惊。小汉毕业至今有五六年了，但仍是公司小职员一枚，虽性格活泼开朗，惯在女生面前做小伏低，但毕竟没车没房没存款，大多数女孩子都无法从他这里得到足够的安全感，爱情便也都随之夭折。于是他恋爱史上所有的分手经历都是被甩，这次怎么了，千年被甩王居然主动甩起姑娘来了？

在我们的强烈要求下，小汉讲了他和那个女孩的交往经历。

女孩名叫柳月，是朋友介绍认识的。介绍时，朋友说虽然她的名字很文静，但性格绝对豪爽，从不叽叽歪歪，也不矫情，也不作，多愁善感这个词跟她一点关系都没有。接着朋友感叹道，跟一个直白的女汉子谈恋爱，其实是一件很幸福的事情。

后来见了面，小汉发现柳月长得还挺漂亮的，手指修长、身段纤细，不化妆不打扮不穿高跟鞋，全身上下洋溢着一种清水出芙蓉的美。

刚开始交往的时候，小汉心中窃喜，时常感叹自己何德何能，才得此佳人青睐。浓情蜜意处，小汉忍不住问柳月，像她条件这么好的女生，怎么会一直单着呢？难道是在等自己的到来？

柳月只抿嘴笑，也不解释。

两人谈了一段时间，感情开始逐渐升温，恋爱的地点也从电影院咖啡馆如家酒店转移到了家里。然而没想到的是，不知道从什么时候起，小汉越来越觉得这份恋爱成了沉重的负担。

柳月的优点是大大咧咧，不矫情。可她缺点也很明显，大大咧咧必不注重细节，不矫情必不够温柔。她是不作，可她负能量爆棚。

如果柳月在小汉家留宿，只要洗了澡，卫生间就像遭了灾，到处都是水迹和头发。小汉交代柳月收拾，可她收拾一遍也就比不收拾好那么一点点。

柳月爱吃鸭脖子，喜欢一边啃鸭脖子一边看电视。垃圾桶明明在她脚下，每次却总有那么三两块骨头掉在地上，也不捡起来，任由油迹明晃晃地在地上招摇。吃完鸭脖子，她也不肯去卫生间洗手，拿纸巾随便擦一擦，然后继续看电视。

有一次小汉想亲热，刚把她的手拉过来，指缝处的辣油就沾了他一手，立刻就没了兴致。

平时也就罢了，因为要上班，睡前总会洗漱一下。若赶到周末，连续看到夜里两三点，看累了脸不洗牙不刷，直接钻被窝。据小汉说，有一段时间，早上醒来都不敢对着她讲话，怕她一张口就散发出满嘴发酵过的鸭脖子味儿。

如果单单是生活上的不爱讲卫生也就罢了，最让小汉忍不了的是她的嫉妒心和负能量。两人在一起时，柳月总喜欢跟小汉吐槽公司里的各种“婊”，什么绿茶婊、心机婊、加班婊、软妹子婊……凡是那些漂亮的、讨男同事喜欢的女生，到她嘴里，就都是婊。

有一次，柳月跟小汉讲了这样一件事。去年才进公司的“软妹子婊”升职了，那女孩比柳月还小好几岁呢。柳月平时最看不惯她，说她天天打扮得像个小妖精，肩不能扛手不能提，拧不动瓶盖换不了桶装水。不知怎么就入了领导的法眼，进公司不到一年就成了主管。

小汉知道，柳月是做销售的，就问那女孩是不是也做销售。柳月说，是的。小汉又问，那她每个月业绩怎么样？柳月说，每次不是第一就是第二。

小汉不作声了。柳月祥林嫂附体，滔滔不绝地讲那女孩的坏话，什么无论男顾客还是女顾客，都被她哄得团团转。同样的时间，她现场谈一个顾客，让闲着的男同事帮她接待回头客，电话里还能再聊一个顾客。真不知道怎么那么大魅力，顾客给她面子，男同事们也处处帮她。

小汉打断柳月，问，那她和顾客或同事传过绯闻吗？

柳月有些迟疑，说，倒是没怎么听说过。

小汉又问，她跟女同事相处得好不好？

柳月翻了个白眼说，凡是爱打扮的，心里再生气脸上也摆着笑的心机婊，跟她关系都不错。

小汉这下子明白了，柳月这是嫉妒，赤裸裸的嫉妒。

小汉心里知道是怎么回事，但为了不惹女朋友生气，只好不评价，并安慰她说，算了，做好自己的事情就好了。

过了些日子，柳月突然辞职了，原因是看不惯某绿茶婊女同事被众多男同事献殷勤，挑衅跟人家吵架，被围攻后到领导面前说理，领导偏向女同事不偏向她，一气之下，愤而辞职。

小汉不知道该说什么好，干脆带柳月去吃好吃的，以缓解她心中的郁闷。却不料，中途发生了一件事，成了两人分手的导火索。

他们坐公交去美食街，上车的时候，小汉看见一个女生独自一人提着大行李箱非常吃力，就顺手帮了她一把。却不料柳月当时就火了，非说那女生是故意装出一副柔弱的样子，以吸引小汉的注意，并且不依不饶。

小汉觉得特别委屈，也觉得柳月太无理取闹。箱子那么大，换了任何人，都会主动帮忙。柳月却不理解，还诬陷小汉见异思迁。小汉也是气急了，大吵一架之后，提出了分手，于是两人就这样不欢而散。

小汉无奈地说，虽然我的各方面条件也都很一般，但我知道，我之所以如此，是因为本身能力就不强，只能做普通人的事情。而柳月呢，她明明长得还可以，却天生自带黑洞，以女汉子自居，不讲卫生不求上进，整天唠唠叨叨，习惯把负能量到处传播。自身努力不够，却总幻想着天上掉馅饼，并且有一种与人为敌的天性，这样的人，我伺候不起。

提起两人交往的经历，小汉直感慨，说，我刚跟她在一起的时候，以为和她这样的女汉子谈恋爱比较省事，情侣也能处成哥们儿。但是久了才发现，她只是一个“女汉子婊”而已，相处起来非常累。她天天以女汉子自居，而那不过是懒丑拖延癌晚期的借口。因为有了这些缺点，美貌在恋爱中不仅没有起到正面的作用，反而受连累，变得狰狞起来。

也正是通过柳月，小汉才知道，什么样的女生才算“正常”。

我为小汉感到庆幸。在我看来，女生就该有女生的样子。女生会化妆、会打扮、会收拾自己，说明对生活有要求，不随波逐流。“正常”女生不以性别为耻，知道什么是好的什么是坏的。他们不会给自己找借口，更不会用“女汉子”三个字给自己脸上贴金，恨不得亲手为自己发朵小红花，表扬其邋里邋遢以丑为美的“丰功伟绩”。

“正常”女生的内心深处或许是女金刚，表面上却女人味十足。她们不娇气，却也不故意逞强。换不了桶装水没什么大不了，下得了厨房上得了厅堂，就已经很厉害了。她们享受性别带来的便利性，到了该公平竞争时，亦不含糊，不往后面躲。她们以优美的外表、优雅的气质、柔软的内心驰骋在职场，所向披靡攻无不克。她们打扮自己，不为取悦任何人，只为让这个世界多一丝赏心悦目。她们珍惜工作，努力拼搏，靠自己的双手撑起一片天地。她们尊重并珍惜每一份感情，只为累了困了的时候，不必孤孤单单一个人。

试着做一个“正常”女生，学会拥抱生活，才能变得更美。

你以为当家庭主妇很轻松吗？

我的闺蜜小萤是个工作狂。每次工作中遇到困难或连续加班到深夜，给我打电话总是会说，朱迟迟，真羡慕你，不必上班，从老公手里领家用。想什么时候睡觉就什么时候睡觉，想什么时候出门逛街就什么时候出门逛街。

一开始我不理她，知道她也就是嘴上说说，发泄发泄罢了，如果真这么羡慕我，干吗不辞职，随便找个人嫁了？她在我这儿找找平衡，过过嘴瘾，缓过劲儿来，照样是职场上的女金刚，下属眼里的女魔头。

但是有一天，她说了太多，把我给说烦了，虽然我知道她只是在我这儿发泄情绪。为了堵住她的嘴，我跟她算了一笔家庭主妇的账，让她明白，这世上还真没有什么职业是轻松的。跟家庭主妇相比，混职场可能还更容易些。

首先，家庭主妇和贵妇是有区别的。电视里的贵妇，三餐有厨师，家务有保洁，出行有司机，孩子有保姆。每天只需要打打麻将遛遛狗，美容院里走一走就可以了。家庭主妇却不行，家庭主妇看起来是贵妇，实际上却是贵妇的厨师、保洁、司机和保姆。必要的时候还得充当麻将和狗，供孩子玩，被孩子遛。

拿我的一天来举例。

大熊要上班，早上六点半起床。我和小宁睡到九点左右才起来，看起来的确很幸福。可论睡眠时间，我并不比大熊多，因为我的睡眠总是会被无数次打断。

小宁总是在夜里无缘无故惊醒，醒了就会啼哭，我必须第一时间拍哄她，告诉她妈妈就在身边，她才能继续睡。若没有第一时间拍哄，等她真的把自己哭清醒了，那就得哭上大半夜，哭累了才能继续睡。我再好的精力也经不起这样的折腾，更何况，哭的时间太长对小宁身体和精神发育都不好，我不能由着她哭。

小宁的小床就在我们大床旁边，伸手就能够到。大熊白天上班比较累，带孩子没我熟练，所以，每次小宁在夜里惊醒，都是我在拍哄，还无数次帮她盖被子，算起来，一晚上总要醒那么七八次。于是我的睡眠特别浅，总被打断，就算时间相对比较长，又能怎样呢？还是会一直处于没有睡好的状态之中。

然而即使是这样，跟一年前相比，已经要好太多。一年前，小宁才几个月大，每天夜里都会喂两次夜奶，每次至少四十分钟。

她吃饱后通常不直接睡，而是玩一个小时再睡。我得撑着眼皮陪着她玩，玩够了再哄她睡。那时候天天想得最多的是，如果能把她再塞回肚子里就好了。当然这是不可能的事情，于是只好自我安慰，等她长大点就好了，断了奶、会走路了，我就轻松多了。

然而现在是相对轻松了一点，但也只是相对而已。

再说说一天的衣食住行。早上九点，我和小宁一起起床，给她穿衣服，帮她洗漱，再去做早餐，早餐做好之后，我们一起吃。小宁很有个性，两个月之前就不让喂了。可她自己吃，一碗饭能吃半个小时，吃完之后脸上手上衣服上地板上全都是饭粒。我得再重新帮她收拾一次，还得擦地。全部收拾完坐下来喘口气，也差不多快十一点了。

如果天气不错，我就推着小推车带小宁到小区里转转，再去菜市场买晚上吃的菜。我很庆幸大熊中午那顿在公司吃，不然我连出去买菜的时间都没有。一点多钟买好菜和水果回家，我和小宁随便做点吃的，要么煮点面条，要么喝粥就小菜。吃完休息一会儿，大概两点半，小宁就该睡午觉了。

她睡午觉的时候，我也不会闲下来。打扫卫生、洗衣服、给花浇水、把晚上吃的菜择出来，有时候兴致来了，还会写点文章。有时候很可能还没忙完，小宁就该起床了。

帮她穿好衣服，把切好的水果拿出来一起吃，吃完再陪她做会儿游戏看会儿童书，看着时间差不多到五点半了，就开始做晚饭。晚饭是家里最丰盛的一餐，有菜有肉有汤，从开始做到端上桌，顺利的话，要四十分钟，不顺利至少要一个多小时。

小宁走路还不稳当，这一两年是她对世界最好奇的时候。我在忙，她也在忙，一会儿把凳子掀倒，一会儿又摔一跤哇哇大哭。无论发生什么事情，我都得立刻关火，起身去照顾她。

如果她不肯自己玩，就会抱住我的腿，不让我干活儿，或者拉着我的衣角，把我朝客厅里拉。我没办法，只能去哄她。

因为她，我早已练就了一手抱孩子，一手炒菜的高超本领。据说，这个本领几乎每个妈妈都会。

大熊体谅我做饭辛苦，吃完晚饭都会主动去洗碗。可我也没闲着，他洗碗的时候，我要再次把吃得满身都是饭粒子的小宁收拾干净。这一次收拾不同于早上和中午，不是简单擦洗了事，而是脱光了衣服帮她洗澡。

她洗完我洗，我洗完大熊洗。大熊洗澡期间，我要帮他搭配第二天穿的衣服，衬衣拿出来烫，西服和袜子准备好，领带也搭配好放起来。

全家都洗好之后，也差不多快九点了。孩子一整天没见着爸爸，建立感情也就靠晚上这一两个小时。于是要么我们一起带着小宁在小区散步，要么大熊陪小宁做会儿游戏，我抓紧时间看会儿书或写写文章。

小宁十点左右准时犯困，而且必须让我抱在怀里听着儿歌才能睡着。这个过程需要半个小时，等她彻底睡熟，我把她放在小床上，这一天才算真正空闲下来。

大熊这时候一般都在书房，他通常会趁着晚上的时间学习或准备第二天上班的资料，偶尔也会打打游戏。小宁睡觉之后的这一两个小时，是我唯一感觉到轻松的时光。没有孩子的“纠缠”，只有丈夫偶尔投来的默契目光和夫妻之间的轻声交谈，让我感觉生活美好极了。

有时候我很困，大熊让我先去睡，我却总是不肯。因为一天只有这一两个小时的闲暇时光，我如何舍得？

十二点左右和大熊一起睡，第二天继续重复前一天的工作。我知道，这样的重复，至少还要一年多才能结束。我得等到小宁上幼儿园了才能解脱。

这就是我，一个有孩子的家庭主妇的日常。然而，这并不是所有的事情，我还得兼顾家里所有的人情往来。大熊的同事，我们的亲戚朋友同学，红白喜事我都需要记着，需要准时带红包过去。两家老人都住得远，年礼节礼也需准备妥当。这些全部都要花心思，并没有想象中那么简单。

另外，我还要抽出一些时间去阅读和写作，于是我只能牺牲睡眠时间，早上五点半起床开始写文章是常有的事。自从有了小宁，为了更好地照顾她，大熊不让我早起给他做早餐，他有时候自己做一点，有时候在外面买着吃。但是每次我五点半起床写作，都会“顺带”做两个人的早餐。这，都需要花时间。

大熊劝我，希望等小宁大一点再开始我的写作事业，然而却没有得到我的认同。写作的欲望在心中沸腾，随时都会喷薄而出，不写出来，我怕把自己憋坏。

所以我跟小萤说，我家里有钟点工，一周来两次大扫除，都已经忙成这样了，你想想那些没有钟点工的主妇们，会忙成什么样？关键是，这样忙还没有工资，没有绩效，没有休息日。丈夫理解还好，不理解，只怕想死的心都有。

听到我这样说，小萤直咋舌，半天才期期艾艾地说，你这是因为有孩子，没孩子的家庭主妇，应该会清闲很多吧！

我得承认，小宁没出生之前，我的确没有现在这么忙，可也并没有闲着呀！

我是怀了小宁之后，孕吐太严重才辞职的。小宁出生之前那几个月，因为孕期反应严重，我每天都浑浑噩噩的，总想着睡。我倒没苛待自己，困了就睡。但醒着，也没怎么闲着。

一个人在家，除了做一日三餐，我还要出门买菜，收拾屋子洗衣服，照顾花照顾金鱼照顾狗，抽空做胎教，学英语和日语，为日后上班做准备……虽然很充实，但确实很忙，并没有想象中那么轻松。

尽管如此，我心里已经很感恩了。丈夫理解并支持我，挣钱够一家人花，婆婆住得远，家庭关系相对简单，这才让我有了做家庭主妇的底气和勇气。若是少了其中一样，我是无论如何都不肯赋闲在家的。即使孩子再需要我，我也会出去做一份工，给自己多留一些余地。

我当家庭主妇这些年，总听到一些年轻姑娘累的时候嚷叫，实在不行就找个人嫁了，当家庭主妇去。我忍不住冷笑，你以为家庭主妇那么容易做吗？就算是有丈夫的支持和家庭经济条件作保障，自己也得有几分本事才行。

因为再苦再累，一句“你不挣钱”就足以拿捏住你。没有家庭地位，再怎么争论也总是输家，所以就算天天在家待着，也没什么意思。

另外，自己心里也得有数，你做的是什么样的家庭主妇，不要一听见男人说养你就当了真。要问问清楚，他所谓的养你，是你拿着他的卡，逛逛街，做做指甲，走走美容院那种养呢，还是你要做饭洗衣擦地做家务生孩子养孩子，做所有所有的事情，每天累得腰酸背痛，却没有工资可以拿的那种养。若是后者，那就没必要考虑了。把主动权全部都交给男人，自己处于从属地位，生活质量好坏取决于男人的良心和所谓的的爱情，这样的日子，和百年前的女人们裹小脚围灶台，不是织布就是磨面的生活，又有什么区别？

如果下定决心要做一个家庭主妇，也一定要想明白，一切都只是暂时的，留在家里也只是暂时的。女人长时间不挣钱，就无法应付家庭生活里的任何变故。孩子小，要抽空学习，孩子大了，还是得出去找事做。有危机感，不允许自己的翅膀被生活一天天磨掉，才能让双脚牢牢抓住地面，眼睛穿越云层，而不会被人生中的一缕风吹倒，再也爬不起来。

就算 60 岁，也该保持少女情怀

有一次我和大熊坐火车去西藏旅行，对面铺是一对夫妻，大概四十多岁的样子。丈夫高高壮壮，从他们的谈话中得知他是个警察。妻子娇小瘦弱，穿开衫长裙，卷发扎马尾，化着淡妆，眼角皱纹明显。

看得出来，他们夫妻感情很好。一路上，他隔一会儿就会问她“喝水吗”“热不热”之类的话。就连吃泡面，他都二话没说先帮她泡好，再去泡自己的。等她吃完，他主动把盒子丢掉，又顺手帮她削了一个苹果。

长途旅行本就无聊，我拿了本书在看，她趴窗户边上看风景。越往西走，景色越好，隔一会儿就听见她叫他：“快看，有牦牛！”“那是什么动物？我都不认识。”“看那个湖，水可真蓝啊！”

真像少女，我忍不住抿嘴笑。他注意到我，有些不好意思，用无可奈何却又宠溺的语调批评她：“少见多怪，怎么像个小女孩儿一样。”

她嘟着嘴，咬咬下唇，不再说话。过了一会儿，他去哄她，问：“生气啦？”她轻捶他一下，瞪一眼，笑了。

我悄悄问大熊：“你们男人是不是都喜欢这种类型？”

大熊想了想，很诚实地点点头，但又说：“若是自己老婆，就很受用，看别人，就觉得有些怪了。”

我笑笑，没再说话。我突然想起很久之前认识的一个作家，她五十岁左右，因为写的东西是给少女看的，所以在读者心里，她永远都是一副少女形象。而她自己也非常注重保养，看起来比实际年龄要年轻很多。

她的好奇心特别重，对所有的东西都喜欢追根究底。她迷恋手工，自己做衣服穿，家里的挂饰，很多也是她亲手做的。在她才开始写作的那几年，她都是用手写，后来电脑风行起来，她学会打字。当手机阅读时代来临，她又安装了几款语音软件，想起什么，就语音记下来，回头整理成文字。

有一次我们聊天，谈到了爱情这个话题。我跟她说，自从结婚后，爱情在我心里就逐渐消失了，因为我不再对未来充满幻想，不再期待他多浪漫，多疼爱我。相反，每天想得最多的，都是些关于柴米油盐的生活琐事。把奖金塞我枕头下，远比每天一束玫瑰花更让我心满意足。

她大笑说，大部分女人结婚后都是这个状态。但是，该有的幻想还要有啊，少女情怀也不该丢，大不了寄托到书上或电视剧上面去嘛！

然后她停止笑声继续说，少女情怀，是无论任何年龄，都对爱情保持敏感度，看到书或电影电视剧时，了解并理解所有困于爱情中的人，常怀慈悲之心，为他们落泪，也为他们开怀。不要永远都是一副过来人的嘴脸，心如死水，面目狰狞，那就真变成死鱼眼珠子了。

她说得有趣，不尖酸也不娓娓道来，有深度却又浅显易懂，很容易让人接受。我大概明白，为什么她的读者都那么喜欢她了。她与她们，虽然年龄不同，但她理解她们，与她们心灵上始终契合。她少女情怀始终在，便永远不会衰老。

所以啊，女人到了一定年龄，能让自己的心变得年轻，是一种相当了不起的本事了。女人只要拥有了少女情怀，即使到了六十岁，也依然是一个年轻而可爱的老太太。

我们为什么要有马甲线

曾一一失恋之后决定要减肥，请我监督。

“我要瘦！瘦了可以穿白色，或任何显胖的颜色；瘦了可以穿毛毛衣服，或任何膨胀材质；瘦了可以穿平底鞋，或任何显矮的鞋子；瘦了可以留齐腰长发，戴任何拖沓的首饰。”

“不瘦你也可以穿任何你想穿的颜色和款式啊！”

可是曾一一似乎充耳不闻，继续给自己打鸡血：“我们为什么要努力赚钱？说白了就是为了美！我也在想胖了难道就没有任何好处吗？对，没有！”

连续做了两周 insanity 并且过午不食后，曾一一不止一次跟我哭诉自己快要死了。我说：“你看看你，难道美比死还重要吗？”

曾一一说：“你小时候吃过松针上的糖霜吗？就是我们东北的冬天，松针上结的那层厚厚的糖霜，又冰又甜。松树很高，我们小孩很矮，需要费尽力气爬到树上用舌头轻轻地舔。现在的我，就是在厚重的自卑和自我否定上终于稀薄地撒了一层成就感，辛苦但值得。就像小时候在松针上舔糖霜，I need this taste。”

本来就不算太胖的曾一一，经过几个月的努力锻炼，30年来第一次炼出了隐约的马甲线，于是每次见面，曾一一就像个孕妇一样频繁摩挲肚皮，说很怕吃顿饭或者躺一会儿它就不见了，还像胎教一样和她的马甲线说话，把我恶心坏了。

“天哪，让我和我的腹肌一起死在最美的当下吧，我实在太爱它了！”看到曾一一心情大好，我不怀好意又小心翼翼地提起从来不敢提的关于她失恋的事情，问她走出来了吗？

曾一一是个文艺青年，她说：“有人曾给我形容过在深海核潜艇里生活两个月的感觉，60个日夜，1440个小时，头顶十公分就是天花板，活动范围不足两平方米，永远没有光线射进来。你知道吗？失恋就是那种感觉。”

曾一一的前男友用她的话说就是“又帅又可爱”，其实我看过照片，不过是个普通的眼镜哥。那是她们一起玩海盗船拍的照片，眼镜哥吓得张大嘴巴，曾一一兴奋地张开双臂搂着他，笑得眼睛眯成一条缝。

曾一一很爱眼镜哥。她在我们面前是贱萌，又贱又萌，在眼镜哥面前是有趣萌，不贱，很有趣，还萌。为什么会这样呢？因为她爱他，便隐藏了贱的本性，还跑去苦背冷笑话、网络段子，睡觉前编好第二天要跟他讲的段子才睡。她立志要做一个有趣的女朋友，做足功课，那态度，谦卑又讨好，像缺爱的小哈巴狗，而不是在我们面前张牙舞爪的赖皮猫。

然而爱情这种事，不是你付出了多少，就能收获多少的。曾一一的失恋猝不及防。

她被公司派去外地集训一个月，她每天无数个电话打给他。有一次他们在网上聊天，她撒娇说冷，让他寄羽绒服。他说寄太慢，出去买一件吧！这时，他的微信发过来几张他和陌生女人的宾馆合照，很显然是那个女人用他的手机发的，这是在公开宣战。

曾一一刚质问了一句，那边就匆匆下线了，自此，消息不回，电话不接。

曾一一培训结束之后，机场候机时才接到他的电话。

“累吗？”

“还好。”

“我去接你吧。”

……

很长时间的沉默后，曾一一终于忍不住问：“不解释下那天的微信和照片吗？”

“那是我同事，一起出差，她到宾馆找我拿个东西。她喜欢我，我不喜欢她。她看我跟你聊天，心里嫉妒，用我手机发的。”

曾一一蒙了，这算什么解释？信还是不信？

对方紧接着说：“对了，最近我同学有急事要用钱，我放你那的十万你今天能转给我吗？”

这个时候提这个！

“钱都用作公司内部投资了呀，你知道的，一年期，现在拿不出来的。”

“一一，想想办法，找你同学或家人凑凑吧。”

听到这里，我已经知道结局了。曾一一也不停地骂自己：“我真的太傻了。我当时就想着不能让他看低我，觉得我赖着不还，感情和钱一码归一码，所以我立刻给亲戚打电话凑齐了钱转给他了。哪知他刚收到钱，我再发消息就发现自己被拉黑了，微信、电话、微博、邮箱，所有的、一切的联系方式都拉黑了。他从我的世界消失了。”

曾一一苦笑着说：“被小三在微信里打脸已经够丢人了，还被欺骗着套完钱再把我拉黑。我还以为他会选择我，原来他早已选了她。他爱过我的吧？不然当时也不会拿钱给我。我们在一起多开心啊，我想吃什么他大晚上的开车送过来；我喜欢军事，他特意带我去军事基地玩；我喜欢大象，他带我骑大象；他还带我去过他公司，还说要见父母……”

我不知道曾一一是不是这么久了第一次倾诉她的委屈。此时她已泪流满面，跟刚才那个咋咋呼呼觉得自己练出腹肌牛哄哄，誓与腹肌共存亡的女金刚判若两人。

“你知道吗？他的新女友照片里穿了一件元宝领的衬衣。我昨天逛商场的时候看到一件那种领子的衬衣，心脏抽了一下，好痛啊！好痛啊！可是我还想着，如果那照片是我和他就好了。”曾一一语无伦次，喃喃自语。

是啊，感情这东西！明明是暴风骤雨，心里却想着椰林树影。明明很痛，却还想留在他身边。

只是姑娘啊，时间到了就必须离开，即使你愿意承受痛，愿意老虎凳辣椒水，也没有任何意义了。并不是你能够承受就会有好的结局，结束了就是结束了。

“更苦的还在后面。失恋了，正难受着呢，领导喊我去加班。我不想加班，只想痛痛快快地难过啊，哭啊，听悲伤的音乐啊，苦瓜脸啊。但是想想从亲戚那里拿的钱还得还，不能失去工作，就还是去加班了。之后又是抽时间练马甲线，就一直没有机会认认真真伤心难过一场。特着急，心想：唉，这么大一件事，怎么好像跟自己毫无关系地发生了又毫无关系地过去了？虽然想起他时心还是会痛，可是只要捂着胸口静静地等待几秒钟就好了。”

听到一一这么说，我已完全放心，她走出来了。虽然很难，但姑娘凭着责任感和自制力，终究走出来了。而有惊人情绪自控能力的姑娘，想要马甲线，又是什么难事呢？这样的姑娘，别说马甲线了，整个世界都是她的。

再后面，我和曾一一的话风就变成了这样：

——你脸好大。——我有马甲线。
——那谁好像要结婚了。——我有马甲线。
——我老公给我买了一件特漂亮的衣服。——我有马甲线。

我想，我们为什么需要马甲线，因为即使失去了全世界，也可以和自己说：“我有马甲线，我有自制力，我有勇敢，我有自我，我仍然可以拥有一切。”

做一颗珍珠

和 Linda 去欧洲旅游，性格热情开朗的 Linda 在番红花城看上了长相酷似黄晓明的帅哥 Murat。帅哥在希尔顿酒店工作，我们进去借厕所顺便问路，帅哥刚好准备下班，就开车带我们去目的地。外国人好像有天生的热情，到了之后没有走，竟然留下来陪我们一起玩。大家买了啤酒开上崎岖的山路，站在小镇的最高处仰望小镇夜景，互相碰杯、祝福，Murat 甚至抱着 Linda 转起了圈。送我们到酒店后，Murat 单单让 Linda 多留一会儿，等到 Linda 回酒店的时候，我看见她手里拿着一支玫瑰，满脸的甜蜜都快溢出来了。

行程到了卡帕多起亚，热气球上一个韩国男生又引起了 Linda 的注意，于是他们热烈交谈起来，还让我们帮忙拍了很多搞怪照片。Linda 一边用英文泡帅哥，一边回头用中文跟我们感叹此趟真是不虚此行啊！

Linda 对帅哥的热爱我们早已见怪不怪。行程的最后两天是在迪拜，她说最近开车太累，有个国内小男生会飞过来帮她开车。

我们吓了一跳，泡帅哥可以，但是把帅哥万里迢迢召唤过来不太好吧。结果机场接到此男生后，他们就开始你侬我侬，小男生对 Linda 的迷恋溢于言表，Linda 对他的照顾也让我们刮目相看。

没想到旅完游就传来了婚讯。领了证，买了房，准备去拉斯维加斯拍婚纱照。天啊！这速度，简直堪比火箭啊！

Linda 这么快就结婚了，而闺蜜 Cherry 反而没有任何动静。

Cherry 有过几次不顺利的感情。读书时期谈过一个男生，自己不太喜欢但也不讨厌，对方对自己很好，就像大部分稀里糊涂的小女生一样，Cherry 也稀里糊涂地在对方的热烈追求下同意了。这一处就是两年，Cherry 发现自己越来越窒息，越来越厌恶这段关系，试了很多方法却都无法摆脱。男生不知道是控制欲太强，还是太爱她，无论她怎样他都可以接受，就是不同意分手。Cherry 甚至试过劈腿让他死心，对方却说，即使你和别的男生在一起也没关系，只要不分手就好。

无计可施的 Cherry 为了彻底和他断了联系，只好整天躲在宿舍不出门，连吃饭都是室友帮忙带，并通过哥哥放话，如果他再骚扰她就找人揍他。她希望彻底翻脸能让对方认清现实，接受分手的事实。

后来男生通过同学传达出同意分手的消息，Cherry 才敢再次出门。然而，意想不到的意外却让 Cherry 彻底傻了眼。那天晚上，不知怎的就被突然出现的男生拖到墙角，掐住脖子。据 Cherry 说，自己差点就窒息而死了，最后不知道是他良心发现还是突如其来的对杀人的恐惧，男生哭着转身离开了。

这件事给 Cherry 留下了巨大的心理阴影，一方面反思自己，另一方面也认为男人这种生物太可怕，女人在体力上根本无法与男人抗衡，如果发生冲突受伤害的永远只能是自己。因为惧怕再受到伤害，Cherry 不敢接受任何追求，也不敢强烈地拒绝，就这样在战战兢兢中一直都没有再进入一段感情。

听到 Cherry 这段经历的时候，Linda 也不由自主地讲起了自己曾被“追求”的故事。

曾经 Linda 的朋友给她介绍了一个男生，刚开始感觉还不错，对方很细心，特意选了离她家近的餐厅，提前到了等她，还送了她一盒巧克力。整个吃饭的过程中，他们交谈也算愉快。

但是第二次见面就有点雷了。他们打车去看话剧，在出租车上他忽然把脸凑近她问：“你想我了吗？”天啊，一个才见过一次面的男人皮笑肉不笑地慢慢靠过来问你想不想他……她当时心里又恐惧又恶心，只能笑了笑没回答。他还不停追问，于是她只好说，他们才见过一次面，他这样的话让她如何回答？知不知道有个词语叫交浅言深？

那次以后，一想起那张逐渐逼近、笑起来略恐怖的大脸，Linda 就不想和他再见面了，因此每次邀约都找借口推掉了。于是恐怖的事情来了，好几个朋友给 Linda 的微博发私信问“他”是谁，Linda 才知道他加了自己很多好友，声称是自己的男朋友。于是 linda 赶紧跟朋友群发消息解释，说这个人自己只见过两次，是个神经病，不要理他，请朋友把他拉黑。

终于清净了一段时间后，有天 Linda 被公司前台叫出去说有人找。Linda 还纳闷，今天没有约供应商啊，直到看到他站在那里。

Linda 脑袋完全蒙了——这是工作场合，他想干什么？我该怎么办？怎么办？这个疯子！

没想到这个疯子说了一句让 Linda 气到笑的话，他说：“我从你朋友圈一个活动背景板上看到了你们集团的名字，打电话过去问分公司，又从分公司官网查到的你们公司的地址，我聪明吧？你感动吗？”

“我感动吗？我简直想一耳光扇死这个神经病！” Linda 暗自对自己说。

定了定神，Linda 问他来干什么，他说：“你把我电话、微信、微博都拉黑了，我只想看看你。”说完，又是一边笑着一边凑上来。Linda 赶紧后退了一步，没想到他又上前一步，继续笑着凑到 Linda 面前。Linda 只想先稳住这个定时炸弹，于是答应加回他的微信，说自己现在在上班，让他先回去。没想他竟然还逼着 Linda 当面加，真是让人抓狂。

第二天下午，这人又发消息说在 Linda 公司门口，为了 Linda 已经调休两天了。还好 Linda 头一天左思右想留了个心眼儿，后面几天都安排了见客户，避免出现在公司。Linda 对他说：“我不在公司，你快回去吧。”可能是他问了前台发现 Linda 确实不在，于是回去了，但还自我感动得不行，说什么来回 4 小时，就是为了给 Linda 一个惊喜……惊喜……

但是总不能一直不上班吧，结果下周一上班时发现桌上放了一个硕大的箱子，是一箱什么越南红心火龙果，他寄的……同事都打趣说买了什么好东西，拿出来分给大家吃，Linda 只好说帮别人买的，暂时放在她这里。

下午，他果然又来了。这次，Linda 决定不再怕他，软的不行只有来硬的，反正最坏的结果都想好了，大不了辞职。虽然为了这种神经病丢掉国企的工作得不偿失，可 Linda 那种单位最怕坏影响，事情真闹大了，领导和同事会怎么看？

于是 Linda 压制住心中的怒火，大着胆子说：“我跟你没有任何关系，你以后不要再来找我了，再来我就叫保安了。”他果然一点都不怕，又试图凑近 Linda，Linda 只好大喊保安，他吓得连忙退出门外。之后 Linda 就跟保安及前台交代，这个人是神经病，不允许他进入办公地点。

没想到天不怕地不怕的 Linda 也会有被骚扰的经历。

据说对女生死缠烂打的人都欺软怕硬，被保安拖出去以后，他果然没再来找 Linda，只是那几个月真是把 Linda 吓得够呛，每天走在路上都担心被人捂住嘴拖进小巷。

Linda 笑言，那时候的自己还比较柔弱，换了现在的自己，是不会让自己生活在恐惧中而让对方随时都可以伤害自己的。她会找人揍他，会报警，会找他的父母或单位请人管他，总之，不会让他好过。

Linda 和 Cherry 的经历让我唏嘘不已，都说女性是弱者，相信每个女孩子都或多或少有过类似的经历。只是 Cherry 受其影响太深，变成了害怕男性、害怕亲密关系的人，而 Linda 变成了天不怕地不怕，可以游戏人间，也可以抓住真爱活出自我的女性。这些女性都是受害者，都需要时间疗伤，只是有人快，有人慢。

但 Linda 是怎样变成现在这样天不怕地不怕的铜豌豆的？她自己笑言：“谁行走江湖没遇到过几个烂人？跟感情有关的还都算小事，职场上才是真正的刀光剑影、处处见血。”

Linda的话没有说得太明白，但在江湖上行走过的人都知道，说得一点没错。因为即使自己没经历过，多多少少也会有身边的人经历过这些。至于解决方法，只有一条，那就是迎上去。即使你那么孱弱，对方那么强壮，也还是要迎上去！即使你拿着板砖，对方扛着高射炮，也还是要迎上去！即使你只有一个人，对方却有整个世界，也还是要迎上去！也许被打得血肉模糊，也许两败俱伤，也许再也站不起来，但必须让对方知道：你伤害了我，你必须付出代价。

所以，女人要学会做一颗珍珠，既要闪闪发亮，也要用坚硬的外表去保护自己。

第二念

02 婚姻如城 突围是学问

爱你是我自己的事

有一天趁天气好，我带小宁去公园玩。后来起风了，我便抱她回家，怕她冷，把外套脱下来包住她，再抱起来匆匆往前走。

她虽还不到两岁，却已有独立思考能力。我不是第一次把衣服让给她，她却是第一次问我：“妈妈你不冷吗？”

本想学其他妈妈一样说不冷，可最终还是决定实话实说。我说：“冷的呀！可是我更怕你冷。”

她似乎不太理解我的话，不明白为什么我明明冷，还要把衣服让给她穿，就那样盯着我看，也不说话，眼神里写满了疑惑。

我说：“妈妈爱你，才把衣服让给你。爱可以让我们突破本能，不利己只利他。”

这句话对于她这个年龄来说，有些深奥了。可她听懂了我爱她，便抱着我的头，亲了一下我的脸颊说：“妈妈，我也爱你。”

我笑笑，没再说话，抱着她继续往家赶。她还是太小了，只想到问我冷不冷，却没有想到要把我的衣服还给我。当然，就算她想到了，我也不会要。她这个年龄，正是容易发病的时候，抵抗力差，一点风吹就可能会引起感冒发烧。我是成年人，抵抗力相对好太多，更何况我是妈妈，即使我们抵抗力差不多，衣服不够的时候，我还是会让给她的。

我想，这世上，只怕再也没有什么爱会比父母待孩子更真了吧！那份爱，是发自内心的，不求任何回报的，更不会意难平。

相比较起来，其他的爱就差很多了。比如说，爱情。

半年前，遇到了一个年轻姑娘，她跟我抱怨同居男友太不懂事。同样上班，下班回到家，她买菜做饭，一起吃完饭，他不是打游戏就是玩手机，她洗碗、拖地、洗衣服。等全部收拾完坐下来，就已经十点多了，差不多该洗洗睡了。她不知道这样的生活过下去还有什么意义，有时候甚至会心生怨怼，不知道这份感情该如何继续下去。

这姑娘的恋爱故事，我是非常了解的。他们是大学同学，她暗恋他两年，又追了一年才追到手。暗恋期间，他一直有女友，分手之后她开始追，他感动于她对自己的好，才答应在一起，毕业后为分摊生活成本，就住到了一起。却没料到，同居不过两年，她就不平衡了，甚至产生了要离开的念头。

多少爱，都会被生活的鸡毛蒜皮磨平，想想就挺悲哀的。

我问她：“你还爱他吗？”

“爱啊。”她说，“要不然为什么要在一起。”

“那为什么还要计较这么多呢？”

她沉默了一会儿，说：“我就是不甘心，总觉得他爱我没有我爱他多。”

“想想你暗恋他，以及追他的那段时光。暗恋时，辗转反侧，不会计较谁爱得更多，只要他能注意到你就好了。追他的时候，用尽心思，更不会计较谁爱得更多，只要他能给予你回应就好了。那么现在，如愿以偿成了他的女友，还住在了一起，为什么要计较谁爱得更多呢？”

她咬了咬牙，问：“迟迟姐，你是说我太贪心吗？我也想不计较，可臣妾做不到啊！看着他油瓶倒了都不扶，我就来气。”

我笑了笑，预感到他们长不了，就没有再说什么。果然，那次聊天之后没多久，他们就分手了。这几个月，那个姑娘一直兜兜转转，相了不少次亲，却总是差那么一点儿感觉。前几天再见面，姑娘瘦了很多，说起她的前男友，还咬牙切齿，直说如果当时他肯勤快一点就好了，也不至于就这样分手了。

我看着她那形销骨立的样子，心想：说再多的不后悔，心里多少还是有些后悔的吧！现在的年轻人，最缺乏的是耐心，最容易得的病是意难平。在急躁和意难平面前，多少爱，也会被消磨光。可惜吗？真可惜。还能再挽回吗？不知道。想必当事人也不愿意再挽回了吧，毕竟，他的“缺点”那么明显。

多少情侣和夫妻，就是被“意难平”的情绪生生拆散，再也过不下去。

不由得后怕。我和大熊还好没因为这些鸡毛蒜皮的小事分手，反而有了现在这种默契的状态。彼时，我们都年轻气盛，得理不饶人，一吵架恨不得老死不相往来，最长的时候，冷战一个多星期。后来，总算是不吵了，住在一起，也遇到了和那姑娘相同的情况。大熊在生活起居上的懒惰，超越了我之前所有的想象。我用了将近三年的时间，才一点点把他改造成令我相对满意的状态。细细想来，这些年支撑我们熬下去的，只怕就是由爱而生的耐心了吧。那时候，每当分手的念头到达脑子里时，我就会想，不是不能分手，不是怕再也找不到比他更好的人，而是怕离开他之后，我再也无法这么深地爱一个人了。

有时候吵架或是冷战，虽然给了自己很多很多心理暗示，强迫自己再难也不要轻易放弃，不要离开他，但多数时候还是会不甘心，总觉得自己还能找到更好的。直到后来，不知道在哪里看到一句话——"爱你是我自己的事，你不必和我一样多"，一下子就释然了。为爱付出所有的一切，即使看起来吃了亏，即使看起来不对等，但那不都是为了自己吗？

因为我爱他，所以，我愿意为他付出，甚至不求回报。这不是为了他，而是为了我自己，为了对得起我的那份深情。我在爱他的时候，不会纠结他是否以同样的深情对我，或者他为我付出得够不够多。

患得患失，才容易情感失衡，才容易让自己的情绪陷入愁苦之中。这反而是得不偿失了。

他没什么不好，就是太没用

闺蜜小萤，前段时间和一个男生约会。

那个人是一个海归，在基金公司工作，父亲是小萤公司的大客户。他人长得帅气，又温柔幽默，约了小萤几次，彼此都很有好感。

就在我们都以为，他们会继续朝前走的时候，小萤却突然疏远了他。

只是因为一件小事。

他来片场接小萤时，广告片拍摄正在收尾阶段，等了大概一个小时才结束。结束后，小萤还不能走，她是负责人，要送走艺人团队，还要安排自己的团队清理片场。做这些事，大概要花半个小时左右。

以小萤的职位，她本不必亲自动手收拾，但为了增加团队凝聚力，她几乎每次都跟大家一起做，做完才跟大家一起离开。即使有约会也如此。

那个人等了小萤一个小时，倒还算有耐心，只是后来收拾片场的时候，他虽亦步亦趋地跟在小萤身后，但无论小萤做什么，他都袖手旁观，只是和小萤说话，却不肯动手帮忙。

就因为这件小事，小萤认为他并非良人，就渐渐地疏远了他。这让我们觉得莫名其妙。毕竟两个人还没确定关系，他又是一个“有身份”的人，主动帮忙好像不太妥当。

而小萤却说：“看见女人在干体力活，主动帮忙，这是绅士风度。就算不考虑这一点，他现在在追我，见我穿着高跟鞋抬道具搬桌子都不肯主动帮忙，以后真在一起了，只怕也是一个甩手掌柜。”

我们仍觉得她的做法太过于苛责，小萤却给我们讲了一件几年前发生的事情。

那时候，小萤的职位还不是总监，刚刚荣升经理，正处于有一点能力，却不是那么强的阶段，导致处理事情并没有太多底气。

公司给她配了一个助理，是个男生，比她还大两岁。这让她感觉非常尴尬，第一，那人在公司比她资深；第二，年龄比她大，她担心叫不动。

而那个男助理，也存心想给小萤点颜色看看，对于小萤安排的工作百般推脱。小萤自己没底气，就不敢多用他，宁可忍气吞声，把他不愿意做的事情揽下来自己做。

一开始，小萤以为，他只有对着自己的时候才那么多借口。后来才发现，他对待工作的态度就是能推就推，是不愿意出一点力气，只想动动脑筋的那种人。性格看着很温和，但做任何事情都不出彩。有一次他和几个女生一起去搬东西，他先捡轻的拿，最后剩下的都是重的，女生们搬不动，该他出力了，没想到他竟然假装接电话，远远地走开了。

于是小萤终于发现，这个人在职场上根本就不是老油子，他就是个无用之人，简称鸡肋。像这样的人，一旦有事，根本就指望不上。后来，小萤找了个借口，把那个助理调了岗，塞给了别的经理。那个经理比当初的小萤要老道一些，用了点小计谋，就让那个助理干不下去，主动辞职了。

故事讲完之后，小萤继续对我们说："追我那人，毕竟等了我一个多小时，我不好当场就给人脸色看，只好跟他一起去吃饭。吃饭的时候，我故意问了些问题，比如说家里的家务一般都是谁做，出国那几年，一个人的时候，生活都是怎么打理的，等等。果然不出我所料，他是那种躲不过去了，才会想要动手做一做的人，甚至都不是刻意去躲，而是根本想不到应该主动去做。”

小萤的话，让我想起了张爱玲曾经写过的一部小说《半生缘》。

顾曼桢和沈世均是一对恋人。奈何情深缘浅，一错过就是一生，再相见，一个经历了人间炼狱，另一个早已娶妻生子，虽有情，却再也回不去了。

他们有这样的结局，并不是无迹可寻。在故事的开始，有一个细节是，沈世均到顾曼桢家里，刚好她们家的灯泡坏掉了，顾曼桢像个男孩子一样，爬到桌子上换灯泡，姐姐的朋友张豫瑾帮忙扶着桌子，只有沈世均在旁边一动不动地看着。

这个情节有些奇怪。一男一女恋爱，男孩子到了女孩子家里，女孩家灯泡坏掉了，男孩子爬上去帮忙修，才是正常的。而他们之间，性别掉了个个儿，沈世均像个小女孩一样，站在旁边看着。这可以看出，他其实是很不成熟的，用小萤的话说，就是无用。

这样的人，关注点永远在自己身上，很多事儿不是做不到，而是不想做。可以想象，即使顾曼桢和沈世均在一起，只怕也未必能收获幸福。彼时，顾曼桢将会像一家之主一样，操心大大小小的事情，而沈世均，始终都是那个云淡风轻的少爷。这样的夫妻，没事便罢，一旦有事，是经不起任何风吹雨打的。

会不会做和愿不愿意伸手帮忙，这是两码事。连帮忙的意识都没有，遇到点事情就只会朝坏处想，这样的人，就是典型的无用之人，靠不上用不着，做朋友尚可，做下属差点，做情人和老公，还是算了吧！

多少爱情，死于无休止的内耗

带着小宁去公园散步，累了坐在亭子里休息，听见旁边两个五十多岁的阿姨聊天。一个说：“我跟你说，咱们小区里的人就是不团结，要是团结的话，能给咱们拆了吗！”

另一个说：“唉，现在的人们都有各自的小算盘，就算是好朋友在一起，都会出现不一样的心思。除非是夫妻俩一起拿主意，相对还好点儿。”

究竟是什么事儿，能让这两个阿姨如此慨叹？我竖着耳朵仔细听，才发现，原来是最近在整个片区传得沸沸扬扬的城市道路改造的事儿。

我们住的地方，有几个老小区，小区之间的道路较窄。城市扩建，入住人口增多，车辆增多，原来的市政道路不够用，严重影响交通。政府最终决定扩出一条主干道，其中两个小区的围墙和门口的商铺以及绿化将会被拆，把地方让给城市建设。

我对城市规划的话题一点都不感兴趣，引起我思考欲望的是她们说的那句“除非是夫妻俩一起拿主意，相对还好点儿”。我忍不住想笑，夫妻俩一起拿主意，又能好到哪里去呢？对外的时候，通常还能有一致的意见，一旦只剩下两个人，只怕大部分夫妻的大部分精力，都会用在内耗上吧！

我有一个朋友，是一个不怎么知名的作家。她结婚离婚，再结婚再离婚，最后总算是总结出一个跟自己有关的经验。她说，我这个人，在人群里觉得孤独，跟谁都格格不入，于是就想走入婚姻。没想到走进婚姻里，面对的只有那一个人，情况变得更糟了。假想敌到了身边，天天亮矛亮剑，歇斯底里，非得把他折腾走不可。他走了，我就安心了。自己和自己战斗，虽也艰难，但伤的也只是自己，不是别人。

听了她的那番话，我就觉得，其实这世上有很大一部分人，是不适合婚姻的。但总是因为各种各样的原因，比如说孤单，或家里催促，甚至是因为到了岁数，就找了那么一个人，进入了婚姻。这样的人，给婚姻带来的，只有悲剧。

而这世上还有很多人，他们的性格并没有那么尖锐，却在婚姻里，或者两个人的相处中，把对方当成是唯一的敌人。对着外人的时候，尚能容忍，在自己亲密的人面前，却时时刻刻扮演暴君。

我和大熊的第一次分手，就是因为都不肯忍让对方的坏脾气。

那时候，我们才搬到一起住，生活上鸡毛蒜皮的事情特别多，我俩都特别犟，一点小事就吵得不可开交。吵完他就去书房睡，我一个人在卧室一哭就是一夜，再也不想搭理他。

我们谁都不肯先跟对方说话，第二天各自去上班，回来也不搭理对方，一冷战就是两三天。那两三天，我几乎什么事情都不想做，每天都处于悲伤和气愤的情绪之中。

他工作能力很强，单位有个女同事一直在追他，明知道他有女朋友还追他。有一次，我无意间看到她发给他的短信，看到她安慰他，才知道我们俩吵架的事情，他竟然告诉她了。

我特别生气，他怎么能跟她说呢？他有我了，不该对其他的追求者敬而远之吗？我们再次大吵一架，然后，我提出了分手。

其实我还很爱他，于是分手之后，我难过得快要死掉。从他的出租屋搬出来，我去了大学室友杨小漾家里借住，并且跟公司请了病假，在杨小漾的床上躺了一个星期，几乎没吃什么东西，整个人瘦脱了形。

大熊明显也还爱我，几次三番拜托杨小漾照顾我。多亏杨小漾从中调和，大熊来找了我几次，于是我们再次和好。但和好之后，还是总感觉到别扭。我们像是重伤之后的病人，小心翼翼保护着那块丑陋的伤疤，谁都不肯去触碰。又像是一对相爱的刺猬，远远地望着彼此，尚能心存爱意，一旦接近，就会被对方刺伤。

我们就这样别别扭扭地相处了半年。直到有一天，我们一起看电视，看到一对夫妻吵架，吵完架，男人到书房，女人回卧室，半夜的时候，女人抱着被子出来，打开书房的门，把被子给男人盖身上，又起身走，结果被男人抱住……后来，女人跟闺蜜聊天，说起这事儿，她说，谁的男人谁疼，我是不想理他，可我想到书房里没有被子，我就心疼不过。

我一呆，我们家书房也没有被子，真不知道那一夜又一夜，大熊都是怎么过的。跟他吵架我只顾生气，怎么就没想到，他也会冷呢？

我扭头看大熊，他也在看我。他说，我一直没在书房里放被子，就想着，你什么时候来给我送一床，哪里知道你一直哭，哭着睡着了都不知道给我拿床被子。

我说，我那时候也想着你来哄我呢！

那天晚上，我们聊了很久，约定以后有想法就说，吵架可以，但绝对不能过夜。争吵不带情绪，有想法直接说，再也不能出现一个苦肉计等着对方送被子，另一个哭断肠等着对方来哄这种幼稚的事情了。

因为分了一次手，实在是怕了。他怕真伤了我的心就无法挽回了，我怕再也找不到爱这么深的人了。于是这次分手反而让我们懂得了包容和体谅。后来结婚，一直到现在，争吵时常有之，但从来没有冷战过，更没有因为争吵伤了感情。

前几天，大熊告诉我，他的一个同事离婚了。那个同事我认识，他和妻子常到我们家吃饭。他们是自由恋爱结的婚，婚后感情一直很好，但是孩子出生之后，伴随着孩子成长的，是婚姻的千疮百孔。

或许是婚后太太憔悴的容颜和走样的身材，或许是孩子一日日的吵闹声和哭声，反正他越来越不想回家。回到家，也只想躲在书房里玩游戏或拼命抽烟。太太说了很多次，他都不肯改。几乎每天都吵架，之后是冷战。冷战结束没几天又吵架，又冷战。终于，在砸碎了电视机和锅碗瓢盆之后，两人去民政局领了离婚证。

在他们冷战期间，大熊多次劝那个同事，说不是没有爱，只是因为孩子小，磨合期还没过，等过了就好了。只可惜，离婚还是不可避免的结局。

那天晚上，大熊抱着我说，还好我们俩脾气都不好的时候还年轻，结婚前就把该吵的架全部都吵光了，还分手过一次。若这一切发生在婚后，再有老人的参与和孩子的哭闹，只怕这份婚姻未必能撑得下去。

我看着他那张深感庆幸的脸，突然觉得我很幸运。虽然才谈恋爱时，他的脾气和我一样坏，可婚后他却一直包容我，容忍我任何阶段的“不正常”。

这几年，身边的朋友大都已经结婚，看多了他们的故事，才发现，几乎每一对心有灵犀相濡以沫的情侣或夫妻，都曾经历过惨烈的磨合期。能顺利度过，才能修成正果。不能顺利度过，要么一生都处于无休止的内耗，要么劳燕分飞。

很多人没想通，为什么一生不是在和自己对抗，就是在和身边的那个人或那一群人对抗。他们不知道，婚姻就是在爱的基础上合伙练级打怪，能否成为大BOSS，考验的是信任度和默契度。一旦选定了对方，他不仅是你的爱人、亲人，还是一个战壕里的兄弟。利益相关，生死与共。

若没有这样的觉悟，就会在漫长的婚姻生活中，成为对方的刑具，相互折磨，不停内耗。终有一天，爱意会被全部磨光，剩下的就只有对彼此的仇恨。这样的婚姻，就算磕磕碰碰过完一生，大都也是畸形的，别说长足发展了，就连漫长岁月里的那些小坑，都很难跃过。

喜欢太难得

小宁喜欢吃樱桃，可是樱桃一年四季都很贵，便宜的时候十多块，贵的时候，得七八十块钱一斤。但是我就这一个孩子，难得她爱吃，所以即使贵也会买。每周至少买两次，每次买一两斤。买回来之后就放在袋子里，吃多少洗多少。

我每次都洗一小碗，和小宁一起吃，算起来，我俩平均每次每人大概吃小半碗左右。这个分量刚刚好，不会吃厌，也不会惦记着还要吃。

可就在昨天，我发现小宁已经很讨厌吃樱桃了。

这事儿得怪我。那天，我带她出去玩，回家时顺手买了两斤。朋友突然造访，知道小宁喜欢吃樱桃，就带了两斤过来。晚上大熊下班回家，不知道家里已经有了不少樱桃，路过水果店见樱桃新鲜，又买了三斤多。

我怪他买太多了，他却说，本来只想买一斤的，卖樱桃的小贩见他好说话，一直给他加，就加到三斤多了。

这样算下来，家里的樱桃有七斤多。樱桃本就不易储存，最好两天之内吃完，否则就会烂掉。那天，我迫不及待给家里每个人洗了一大碗，包括小宁。

她第一次吃这么多樱桃，高兴坏了，咧着嘴直笑，不一会儿就吃完了。我问她：“还想不想吃？”

她开心地点头，我想着今天的樱桃一点都不酸，也够新鲜，就又给她洗了半碗，她也吃光了。怕她吃太多胃不舒服，才没敢再给她洗。

第二天上午我们又吃了一次樱桃，下午又吃了一次，但到了第三天的时候，樱桃还有不少，于是我又给她洗了一碗，催促她赶紧吃，不然就坏掉了。这次，她不好好吃，半天才吃掉一颗。我想着可能是因为不太新鲜的缘故，既然不想吃就不吃吧，于是我把她的那份也给吃了。

因为连续吃了好几天樱桃，我实在是吃厌了，就半个月都没去买。又过了一段时间，我想着家里好久没有樱桃吃了，就买了两斤回来。洗完叫小宁一起吃，可她看见樱桃，就像见到了恐怖的东西一样，迈着还不算太稳健的步伐跑掉了！我追过去，问她：“你不是最喜欢吃樱桃吗？不吃妈妈就要吃完啦！”

她摇头，一直说：“不吃不吃。”

我把她拉过来，坐在沙发上，拿了颗樱桃递给她。她左躲右闪就是不接，好容易接了，也不肯吃，捏来捏去，樱桃汁一下子就溅到了衣服上。我批评她不应该糟蹋食物，她突然嘴一撇，说：“最讨厌吃樱桃了。”

我愣住了，平时她都是嚷嚷着要吃的呀！

那天，我做了很多尝试，不同时间，用不同方法逗她吃，她都不肯再吃。

晚上大熊回家，我跟他说：“惨了，小宁吃樱桃吃伤了，只怕以后都不会再吃了。”

大熊说：“真可惜，这么小，喜欢的食物里就不得不划去一项。”

我懂他的意思，因为我曾经还跟他为这种事吵过架。那时候，我才上班，很穷。我喜欢吃猕猴桃，喜欢喝淘宝上卖的一款相对不那么便宜的饮料。但因为没有钱，每次都只买一点点，还得省着吃。有一次他发了工资，刚好那段时间我们为什么事儿争吵，他为了讨好我，给我买了十来斤猕猴桃，一下子把我给吃厌了，到现在都不想再吃猕猴桃了。

又过了一段时间，我正在图书馆，接到他的电话，让我回家，说要给我个惊喜。我回去一看，根本就不是惊喜，完全是惊吓好吗！客厅里靠墙角的地方，堆着五箱我爱喝的那款饮料。

五箱啊亲爱的同志们！一箱三十瓶，五箱是一百五十瓶。我一天喝三瓶，也要将近两个月才能喝完！

看到那五箱饮料，我深感无力。偏偏这个不懂女人心思的男人，还问我开心不开心。我开心你个大头鬼，立刻就爆发了，说："我在这世上活了二十多年了，真心喜欢的东西那么少那么少，你不到一个月的时间，就帮我消除了两项。你认为我应该开心吗？"

他傻眼了，一脸委屈地说："可是，我就是想让你每天都能喝到自己喜欢的饮料啊！"

我当然知道他是好心，可他好心办了坏事，偏偏还不自知，还觉得自己委屈，你说我该不该生气？

我俩为此吵了一架，当然也不能算是吵架，只能算比较激烈的争论罢了。我用了很多语言才让他明白，生在物质丰盛的年代，对于食物来说，我们的选择实在是太多了。

我们这一代人，对什么东西都不感到稀奇，就很难产生那种想到某种食物就会吞口水的条件反射，所以对某种食物特别喜欢是一件很难得的事情，比如说我喜欢猕猴桃，小宁喜欢樱桃。但是再喜欢也得悠着点儿，万一一次吃撑了，吃厌了，以后再也不想吃了，那就太可惜了。

“喜欢”这种情绪，是上天赐予一个人的天赋。如果一个人见到什么都不喜欢，那活着还有什么意义呢？因此，若是遇到喜欢的东西，就该常备敬畏之心。每次只拿一点点，总是欠那么一点点，才能让这份喜欢的感觉长长久久。

就像喜欢一个人，得细水长流，用力过猛，只会让那份喜欢过早夭折。

相比较而言，我更喜欢老式的爱情。喜欢一个人，不轻易说喜欢，而是放在心里反复揣摩。见了面，眼睛含光，嘴角含笑，仿佛整个人都变轻盈了。说句话都会脸红心跳，拉次手，都会激动得半夜睡不着觉。

同样的道理，喜欢一件事，或拥有一个爱好，不能当成养家糊口的事情来做，不然，迟早也会厌烦。若是本身就有一份足以养家的工作，业余时间还能发展爱好，那就实在是太棒了。

分手时他给的钱，该不该要？

三年前，我一个闺蜜被男朋友抛弃，理由是：我已经不爱你了。

那年闺蜜 27 岁，和那个男人谈了四年恋爱，同居三年，他轻飘飘一句“我已经不爱你了”就想把她打发掉。闺蜜自然不同意，她是冲着结婚和他在一起的，自同居后，她从未想过有一天会和他分手。

他爱上了别的女人，要从他们共同居住的房子里搬走，她拽着他的行李不让走，苦苦哀求，鼻涕眼泪满脸都是，难看极了。

男人说：“你就让我走吧，你跟我在一起这么多年，也不容易。我知道是我对不起你，可是我真得走，她还在那边等我。这套房子给你，当成是这四年的补偿。”

那套房子，是他们刚在一起的时候他全款买的。彼时，他的事业才起步，存了点钱，买了北京三环边上的一套五十多平方米的房子。这套房子是她一手装起来的，里面的大部分东西，都是她精挑细选，从各个市场搬回来的。那套房子，是他们的家，是她关于爱情所有的美好回忆。

她不肯要那套房子，只坚持要他。可人要走，她又怎么能留得住呢？他还是走了，只留下一句话：“等你想通了，告诉我，我们一起去把这套房子过户。”

闺蜜跟我哭诉：“一套房子就想把我打发了，他怎么就这么狠心，用一套房子就把我打发了？”

我说：“亲爱的，起码你还有一套房子，很多人分手后什么都没有。”

她停止了哭泣：“你觉得我应该接受这套房子？”

“是。”我说，“趁着他还愿意给，赶紧拿着乖乖走掉。迟一点，等他对你的愧疚感消失，或者他现任女友反应过来，你连这套房子都没有了。”

“我总觉得，我们的感情不应该就这么完了。我还想再争取一下。”

我明白她此时的心情，她怕拿了房子，就没立场再跟他说我爱你，怕被他看轻，误会她是要房子的虚荣女人。

“你觉得我应该要这套房子吗？我要了，就真的失去他了。”她说。

“可他已经明确表示爱上了别人。”我对她说。

跟才失恋的女人讲不通道理，我是贴心闺蜜，也是局外人，看得比她清，于是接着说：“我的意见是，先把房子过户，再讲其他。或许有天他想起来了，心疼这套房子，还会回过头来找你。你现在不要房子，他也不会要你。愧疚感消失的速度比爱情还快，你自己想想清楚。”

她最终还是拿了那套房子，在再次哀求无果之后。房子拿到手，她不愿意留在北京这个伤心地，打算听从父母的召唤，回家乡南京。那套房子过户不久就出手了，她拿着房款回到南京，在市区买了套三室一厅，送给她的父母，当是回报他们的养育之恩。

她跟我说：“被男人伤害了，才知道父母不容易。我恨他，这辈子都恨他。”

我说她得了便宜还卖乖。分手之后肯赠予女方一套北京三环边上的房子的男人，足以称之为绅士。

一年前，闺蜜结婚了，结婚对象是她父母介绍的相亲男人，是个普通公务员。结婚前，她的父母把那套房子转到她名下，算是嫁妆。她把那套房子租了出去，每个月固定收租金。

我故意开玩笑逗她：“老公好还是前男友好？”

她说：“当然是老公好，起码他没伤害我。”

她还惦记着这件事呢！我正想说点什么。她又开口了：“还好你当初劝我收下这套房子，感情说没就没了，房子给我了就是我的，谁也拿不去。”

她总算是明白了这个道理。

这几天，我又有一个朋友失恋了。她失恋是因为男方父母不同意，而男人没那么坚持。一样的撕心裂肺，不肯接受事实，一门心思希望男人回心转意。

男人性格纠结，一方面觉得对不起她，另一方面却又不敢忤逆自己的父母。她哭时，他觉得她可怜；父母逼迫时，他又认为父母的养育之恩不可辜负。一场分手，愣是演变成拉锯战。到最后，男人跟她说：“要不我给你点钱吧，就当是补偿你。”

她自然是不肯要的，在她深爱时谈钱，无疑是对这份感情的亵渎。

我问她："给多少？"

她说："他没什么钱，之前的钱都拿去买房子了，今年一年也才存了两万多块，说全部给我。"

"不多，也不算特别少，先拿着。"

她不肯，理由跟前面那位闺蜜一样，怕拿了钱就没立场继续跟男人联系了。

她什么道理都懂，也明白大势已去，就算再挽回，只怕这个男人也不会属于她。然而终究是过不了心里那一关，不肯要男人给的钱。

男人坚持要给，还说她若不肯要，就办张卡，密码设置成她的生日，从她家门缝里塞进去。

她最终收下了这两万多。之后没多久，男人答应父母，和他们介绍的相亲对象见面。

她很后悔，认为不该收这笔钱，如果不收，说不定男人还会回心转意。可她同时也明白，若她坚持把这笔钱还给男人，男人肯定会毫无愧疚地收下。

她还在问我，该不该把这笔钱退还给男人。

我沉默很久才说：“只有钱不会辜负你。”

亦舒借喜宝的口说，要有很多很多爱，没有很多很多爱，有很多很多钱也是好的。

我还能说什么呢？失去感情时，趁着他还愧疚或还爱着，能拿点钱，无疑是所有的坏里，最好的结局了。

前提条件是，钱不算少。如果太少，就不要拿了。而这个多少，只能在于自己的评判标准了。

爱会让人逆生长

和朋友一起去某单位办事，窗口一个四十多岁的大姐，长得横眉冷目，嘴角耷拉着，不说话时就抿着，说话时满腔的怨气冲天。明明很简单的一件事，盖个章就行，就是不给我们办，态度冷漠地说，五分钟后下班，这时候都在整理归档，没时间帮我们盖章，让我们明天再跑一趟。

朋友家远，开车都要将近一小时，好话说尽，大姐就是不肯松口，后来直接发火，直嚷嚷："你们不早点来能怪谁？下次出门看好时间。"说完，竟然直接把窗口关闭了。

闭门羹瞬间激起我的恶毒心理，我想着，不是要看好时间，而是要看好皇历，路遇恶狗，不宜出门。

想到遭遇的侮辱，我直到上车都还在生气。朋友突然笑了，说："这个女人，一看就是夫妻感情不好，生活中处处不如意。"

我说你怎么知道？

她说，一个人是否对世界充满爱和善意，往往取决于他们在自己的世界里过得好不好。你看那些幸福女人，她们的气质中，要么写着岁月静好，要么写着和气生财，她们眼神明亮，待人有礼。而不幸福的女人，说出来的每一句话都像是在发泄，明明简单的事情却故意刁难，那是因为她们生活中遇到的，也尽是挑剔和指责，而不是包容和关怀。他们不愿意看到别人幸福、快乐，否则他们会嫉妒得发狂。轮到他们上场时，就把所有的负能量都传播出来，给别人添了堵，自己心里才会稍微顺畅些。

我忍不住笑，还真是她说的这样。

我想起我一个姐姐，她的姻缘有些曲折，三十多才结婚。婚前那几年，因为工作的压力，以及父母对人生大事的催促，她的身体总出现各种毛病，时不时还会心慌气短。隔一段时间她就要到医院去做检查，各种维生素、钙片、补药轮番上，每日药不能停。

后来，相亲认识一男的，迫于年龄的压力，看条件适合人不讨厌就结了婚。婚后一开始倒没感觉有什么变化，没想到过了一两年竟然变得容光焕发起来。等孩子上了幼儿园，时间充裕了，又健身又练瑜伽，身材气质又上了一个台阶。有一天我在家整理旧照片，发现了一张她十八岁时的照片，看完之后又打开她朋友圈看最新的自拍，发现年近四十的她，甚至比十八岁时还美丽。

我妈每次提起这个姐姐，都说她命好，嫁了个好男人，生了个好孩子。我却不这样看，老实讲，她结婚时并没有爱上姐夫，婚后姐夫对她百般好，体贴又浪漫，工资按时上交，包揽大部分家务，一日日用柔情软化她那颗因漂泊而孤苦无依的心。他们是先做家人，后做爱人，又成了亲人，姐姐的心安定了，就不焦虑了，岁月静好在她的脸上显现，人不仅变漂亮了，也变温柔了。

再反观另外一个姐姐，就完全不一样了。二十出头的年龄，不顾父母的反对，嫁给所谓的爱情。婚后，果如她父母预言，他并不值得托付终身。就如每一个心比天高才比纸薄的男人一样，他懒、馋，终日无所事事，沉湎于赌博。

她少不更事，听从他的怂恿，把父母陪嫁的那套房子悄悄卖掉，拿给他做生意，不到一年，全部赔了进去，还欠了很多外债。

她一说他，他就不高兴，和她对吵。甜美的爱情在一日日的争吵中被磨损掉，彼此之间剩下的就只有憎恨。

她怀着孩子，他在外面用花言巧语骗了另外一个姑娘。她的父母劝她赶紧离婚，她却如同着了魔一般，怎么都不肯离。一方面，她恨他败光了所有的钱，另一方面，却又盼着他能浪子回头。

整日天人交战，又陷于辛苦的日常劳作之中，没几年，她就面如枯槁，华发渐生，状如老妪。

因为对她恨铁不成钢，亲戚们逐渐把她看成一个笑话，跟她来往也越来越少。我听到的最新消息是，她的父亲背着她悄悄出去找大师，想要看一看她是否被人下了蛊。

她是典型的因为生活缺少爱的滋养，灵魂被抽丝剥茧，以至于越来越憔悴的代表。以至于后来，亲戚们告诫自家女儿的时候，经常会拿她做反面教材，提醒她们，看人要长远，万万不可迷恋短暂的温情。

类似于这样，因为有爱，容颜越发逆生长，因为缺爱，被生生催老的例子实在是太多了。

当然，除了生活中有爱，不必受心灵的煎熬之外，还有很多因素能促使人逆生长。比如说坚定的内心，物质生活优越，精神生活多彩，为理想一直在坚持，以及，更爱自己。

我就是我最好的嫁妆

我的朋友小艺，名字很柔美，人却很霸气。三年前她要结婚，按她们那的规矩，男方家出房子，女方家出车。她婆婆家条件还可以，一年前就把房子装修好了，摆些家具家电，就可以入住了。

但是婆婆家一直对小艺很不满意，因为她的家庭条件太差。只是由于小艺的男友大江坚持，才不得不同意他们在一起。

商量婚礼时，婆家倒也没故意刁难，婆婆用一脸为小艺着想的表情说："估计你们家陪嫁一辆普通车都会很吃力，那干脆不要给车了，反正你们买的车，我们也看不上。我们给你们小两口买一辆三十万的车，你们家陪嫁些家具家电就好了。"

他们的婚房不算大，刚刚一百平，硬装全部做好了，柜子能做的也都做了，就算买还不错的家具家电，也就几万块。可就连这些钱，小艺家也拿不出来。

小艺上班五六年了，工资不高不低，按说不该穷到这种程度。

但是小艺的妈妈身体不太好，需要常年住院，爸爸也早已内退，在医院照顾她妈妈。小艺的钱除了基本开销，其他都送进医院了。也就是这个原因导致了她们家家徒四壁，几乎没有存款，连几万块买家具家电的钱都拿不出来。

小艺经常想起她和大江谈恋爱之后，第一次去他们家的情形。那天，他们提着礼物过去，小艺全程都是毕恭毕敬的样子，吃完饭，她还主动到厨房洗碗。结果准婆婆不仅没给好脸色看，言辞之间还尽是刀剑，着实让人难堪。

小艺是个分得清场合的姑娘，在他家时，强装出一副笑脸，嘴巴也很甜，吃完饭立刻就告辞了，出了门就和大江提分手。

首次见面不愉快，父母说话太直白，让大江也很无奈。他劝小艺说父母都是老思想，既然两个人真心相爱，就该一起面对父母的反对意见，尽力说服他们，努力去做，去表现，争取获得他们的好感，从而让他们接受她。

换了一般的女生，听了这种话，只怕会同意，会为了爱情再争取一次。可小艺不是一般女生，她连争取都不肯争取。她说，你的意思我都明白，你父母的顾虑我也能理解。可是什么是尽力说服？什么是努力去做？什么是去表现？什么是争取获得好感？说白了，就四个字：低声下气。我不是不能做到低声下气，你也见过我是怎么哄我妈吃药的。她为了不拖累我和我爸，好多次不肯吃药，不肯吃饭，还要自杀。我低声下气哀求她，跟她说，她若是就这样走了，我这辈子都不会快乐，我生命里的光，会因为她而缺失一大半。像我妈这种病人，我能做到低声下气去服侍，你妈那种颐指气使的，就不行。我家里有病人，这是我的现实，就像个子不高长相欠缺一样，都是现实，是我不能选择的。你可以因此不爱我，却不能因为这个就让我对人低声下气。这样对我不公平！

大江求她，说，就算是为了我。

小艺说，我可以为你做很多很多事情。如果有一天你爸妈病了，我也可以为他们衣不解带，甚至可以低声下气求他们吃药。但是我不能因为你妈妈嫌弃我家里有病人，就对她低声下气。因为我一旦低声下气了，就代表我是认同她的，就代表着我也认为我的家庭对我来说是个拖累。然而你并不知道，我妈虽然病着，但在我心里，她一直是我的骄傲啊！我为她付出的，尚不足她曾经为我付出的十分之一。我允许你妈妈看低我，却不允许她因为我妈而看低我。

小艺停了停，继续说，你的父母只能你自己搞定，你不能要求我去搞定他们，更何况是以这种莫名其妙的理由。大江，我们给彼此半年时间，这半年尽量不要见面，哪天你搞定你父母了，我们就准备结婚的事情。如果半年时间你都搞不定，那我们就分手，因为即使在一起也不会快乐。

大江当然不同意，热恋中的两个人，又在同一座城市，半年不见面，这还叫恋人吗？但是小艺说，你也可以用半年时间冷静一下，想清楚你妈妈的话。因为你一旦成了我妈的女婿，我要担的家庭责任，你就得跟我一块担起来。更何况你知道我的工作，做行政的，能做到现在这个样子，差不多已经算是到头了。可是一年只赚这些钱的话，根本不够花。我要照顾我妈妈，现在并没有转行的能力，因为任何行业从头开始，都代表着精力大大增加，收入反而会减少，这对于我来说是不能接受的。我只能去学东西，做兼职，然后慢慢了解别的行业。我得上班，跟我爸换着照顾我妈，还得跟你约会，根本没时间学习。你要是为我考虑，就少跟我见面，让我腾出更多的时间来学习。

小艺把话讲清楚之后，就离开了。接着她报了个日语培训班，非常努力地学习日语，甚至每次去医院的时候都拿着日语书看，比考大学时还努力。四个月后，她还真在网上找到了一份兼职：日语翻译。

一开始翻译些说明书，后来翻译些文章，报酬都极低，翻译一篇一万字左右的说明书也就才一两百块钱，而她要花大量的时间去查阅那些特定词汇，还得反复想反复琢磨怎样用最简洁最专业的话讲出来。可她不能不做，会日语的人那么多，很多还是从家里拿生活费的大学生，他们精力更好，时间更多，也有更多的发展机会。对于小艺来说，这是不得不选的选择。更何况，钱再少，也是钱啊，对她们家来说，几百块也是很有价值的。

自从开始做日语翻译，小艺就瘦了很多，大江看着很心疼，想把自己的钱给小艺。小艺不肯要，只说还没结婚，不该拿男人的钱，更何况现在自己做了兼职，收入提高了，家里的状况也已经好了很多。

于是大江终于不肯再软着劝说父母了。他从家里搬了出来，在外面租了间小房子。他变得非常节省，省下来的钱都存着，小艺不要，他就放卡里，准备将来拿给小艺。他父母见他是来真的，这才妥协了，同意他们在一起。小艺和大江又相处了一段时间，确定了彼此的真心，就决定结婚。却不料，在商谈婚事时，准婆婆却提出让小艺家出钱买家具家电的要求。

小艺全部的存款加起来只有几千块，这事大江跟父母说过，他们却提出这种要求，小艺忍不住脸上一白，感觉非常不舒服。她爱大江，想要和大江结婚，知道能让他父母答应，大江已经做得够多了，她不能在这时候使性子。大江拼命暗示她，让她答应下来，反正她没钱，他有。他的工资都存着，买家具家电绰绰有余。

小艺什么都明白，可她这时候不能装糊涂花大江的钱，要不然还是会被婆家看不起。她脸色苍白，虽尽量装出铿锵有力的样子，声音却忍不住颤抖起来。小艺说，我现在买不起家具家电，全部的钱只够买一张床和两套被褥。如果你们不介意，我就先买床和被褥，或者委屈大江婚后跟我租房住，直到我存够买家具家电的钱为止。如果你们介意，再晚些结婚也可以。

小艺这般有骨气，反而让大江的父母面面相觑了。大江生气了，护着小艺，跟他父母说，那干脆这婚不结了，我也不稀罕你们的房子车子，不带这样欺负人的。说完就带着小艺走了。

小艺出了门就掉了眼泪，大江哄她，小艺说自己没事，没那么脆弱，把大江劝了回去。到了医院，小艺爸爸看出来她哭过，猜出她是去大江家商讨婚事受了委屈，就很惭愧，总觉得是他们老两口拖累了女儿，便低着头不说话。

小艺抱着爸爸说，没事，我就是我最好的嫁妆。

虽然所有的一切都很不愉快，但难得有情郎，看在大江的份上，这个婚还是结了。虽然小艺心里很不愿意接受大江父母赠送的房子车子以及家具家电，恨不得到外面租房住，但为了照顾大江的情绪，她还是住进了没掏一分钱的新房。每一天她回到家里，看着这个漂亮的房子就感觉很陌生，总是跟自己说，这只是一个暂时的居住地，我会买比这更大更好的房子。

婚后，按大江父母的想法，是希望早点要孩子的。但小艺坚持不肯要，只说夫妻俩还年轻，还有很多事情要做，但她保证三年后一定会生。这三年，小艺换了工作，去了一家对日贸易公司做销售，一开始工资并不高，可能还不如她之前做行政挣得多，但前景却很好。业余时间，她依然给一些新产品做翻译，一次翻译一个新兴的化妆品品牌，功能描述吸引了她，于是干脆买了一套自己用。用了以后效果非常好，趁着那个产品在国内还没打开市场，她跟对方说想做他们的代理。

考虑到代理费的问题，小艺不敢冒太大的险，只谈了本省代理。她一家家地拜访本市化妆品门店，让她们代销她的商品。期间的辛苦就不多说了，三个月后，在她们那个市，有很多门店主动来找她要货，因为产品好，回头客很多。手里有点钱之后，她赶紧又拿到了另一个省的代理权。虽然这时候国内剩下的能代理的省份已经不多了，但从前景来看，只怕也够她赚的了。

小艺辞了职，不再拜访门店做零售，而是做了二级批发商，开始把代理权下放给其他人。

前不久她怀孕了，怀孕前，她给父母买了套房子，好让他们住得舒服点，把妈妈搬到了特护病房，单独一个房间，环境好，每天上午还能享受几个小时的阳光。

虽然她还没有存够给自己买房子的钱，不得不继续住大江父母赠予的那套房子。但买房已在计划之中，是迟早的事。

我问她将来有什么打算。她说，那个品牌的化妆品，工厂在日本，各种成本都比国内高。所以她最近正在谈，看能不能跟他们合作在国内开一个厂，生产其中一种产品，这样就不用专门从日本进货了。如果实现的话，国内的代理商就都要从她手里拿货了，那时候，她就真的拥有了自己的事业。

看着她意气风发却又有些忐忑不安的样子，我突然觉得很安心。不管她谈不谈得成，她都已经凭着自己的努力度过了人生中的低谷期，迎来了生命的朝阳。我突然想起她在医院里跟她爸爸说，她自己就是她最好的嫁妆。我只想说，如果我下辈子性别为男，有这么好的嫁妆，也给我来一份吧。

三观不合的幸福婚姻

我以前一直认为，三观不合的人，是没办法拥有幸福婚姻的。就算勉强结了婚，也会因为思想上总打架，导致生活上总打架。直到后来，我见了几对三观不合的恩爱夫妻之后，才知道，我的眼界实在是太狭窄了。

首先说我的父母。人都说，孩子的婚姻质量取决于原生家庭。如果父母婚姻不幸福，孩子就很难拥有幸福的婚姻。我小时候一直以为我爸妈特别不幸福，青春期时，甚至觉得他们很可怜，一直在凑合着过，还私下劝过我妈离婚。没办法，在我幼年甚至整个青少年时期，我听过他们无数次争吵，为任何一点点不同的意见争吵。虽然他们并没有面红耳赤大吵大闹，但总是在争论，这让我觉得，他们的婚姻很恐怖。

虽然时有争吵，但他们从来不会吵到天崩地裂，日子过不下去的地步。我妈性子比较急，我爸反对意见多的时候，她就会很生气，最后总是我爸妥协。小时候我以为，我爸是顾全大局，才不跟她继续吵下去的。现在我才知道，并不是这样，他俩与其说是争吵，不如说是拌嘴。这拌嘴，更多的是夫妻间的情趣。

我妈爱美，五十多岁了，每次去跳广场舞都会打扮一番，穿上裙子、高跟鞋，仔细描眉画唇。我爸老土，一件 T 恤穿十年，后背破了洞，穿里面当内搭。我妈给他买过很多新衣服，他都放着不肯穿，只说身上这件还没坏，没必要扔。我妈说多了，我爸就说旧的穿着更舒服。

我妈观点新颖，跟得上时代，能理解儿女所有匪夷所思的想法。我爸保守，从小到大我们说啥都是错的。我妈为家人无私奉献，什么都让给我们，包括一口好吃的。我爸性格大大咧咧，根本不在意这些，伤了人，他自己都不知道。我妈喜欢胡思乱想，我爸总觉得那都是小事，见她生气，哄都不愿意哄。

小时候我不喜欢我爸，总偏向我妈。长大之后才明白，要不是我爸在后面拉着，以我妈这纠结敏感又火爆的性格，能上天。

我妈总说，我爸能给她安全感，虽然在我看来，安全感是仁者见仁智者见智的事情。聪明的姑娘，安全感自己给，但婚姻里的安全感，有时候真需要对方来成全。真遇到不靠谱的主儿，成事不足败事有余，姑娘家有再充沛的安全感，只怕也能分分钟折腾没了。

就拿我一对 soul mate（精神伴侣）的朋友来说。

那对朋友非常酷，他们有着相同的爱好——音乐。在同一个乐队里，一个是主唱，一个是贝斯手。他俩在一起，永远有说不完的话题，三观也出奇得一致，举手投足间默契十足。

俩人家庭条件相似，学历相当，堪称门当户对。我一直以为，他们会永远在一起。却不料，在他们交往五年之后，突然一前一后结婚了，而结婚对象我并不认识。我和女生比较熟，和他们夫妻吃过几次饭。她老公是一个普普通通的高中化学老师，没有音乐细胞，连口琴都不会吹，更别说弹贝斯了。虽然女生对他非常好，吃饭时又帮他剥虾，又帮他夹菜，但因为有帅气的贝斯手珠玉在前，我总觉得他们夫妻俩在一起怪怪的。

我私下问她，为什么要和贝斯手分开？她说在一起五年，始终觉得哪里不对，认识了现在的丈夫才发现，她跟贝斯手更应该做朋友。三观完全一致，爱好完全相同，她想什么他全知道，做知己会高山流水，做爱人，却未免有些恐怖。

我不太明白她的话。我告诉她，我和大熊勉强算得上三观一致、爱好相同，我们相处得就很愉快。我和大熊在一起，只感觉安心和甜蜜，从来没有产生认为对方恐怖的念头。

姑娘问，你们平时吵架都怎么吵的？

我说，跟大多数夫妻吵架一样，你一言我一语，情绪上来的时候，谁都不让谁。情绪过去了，其中一个人道个歉，就又和好了。

姑娘说，我们跟你们完全不一样。我们想什么对方全知道，哪儿痛哪儿舒坦，对方也全知道，我俩只要吵架，就全捡戳对方心窝子的地方招呼。事后虽然也会和好，但只要一回想起来，就觉得恐怖。不是有一句很有名的话嘛，说一个人只要有了爱，就有了盔甲，也有了软肋。我俩曾经是有爱啊，可盔甲我没见着，可这软肋也太软了。

她说得玄乎，我却只是笑，说，照你这样说，你俩最大的问题不就是吵架的时候口无遮拦，不给对方留余地吗？这病能治，口下留德就好了呀！

她直摇头，说，还不止这些。我们后来吧，倒也想通了，吵架不再说那么狠的话了，可后来遇到事儿，我们都吵不起来了。心里总有顾虑，怕又伤害了对方，就一直忍着。有一天，我注意到他跟一个小姑娘在一起聊天，他笑得很灿烂。我问他为什么要这样对我，他叹了口气。他说，有时候，他心中产生阴暗或厌世的情绪，都不敢在我面前表现出来。渐渐地，他在我面前就像个透明人，我看他的眼神，再也没有以前的崇拜。这让他很没有安全感，而那个小女生却能给他安全感。他说完这番话的时候，我就知道，我们这辈子，只怕永远都不可能结婚了。

她的话让我陷入了沉思。毕竟是年轻人，还没有能力突破生命赋予每个人的限制。他们是两个人，但因为几乎完全一致，让他们处成了一个人。每天只能和自己相处才最可怕，因为很多时候，最难搞定的人，其实是自己。

这样就不难理解，他们那么相爱，最终却没有在一起了。他们另外找的人，或许并不了解他们，却给了他们安全感，让他们感觉到舒适。

一辈子太长了，能走下去，靠的不就是能让彼此感觉到舒适的关系吗？

婚前我一直以为，我和大熊是三观非常一致的。但仔细想想，其实我们有很多思想不一致的地方。比如在对待女儿小宁的教育问题上，大熊坚持女孩该富养，该教育，该从小规范言行。而我却认为，按现有的条件，散养着就好。

大熊和我争论了几次，我懒得理他，反正孩子主要是我带，怎么养，按我的观念来就好。除了孩子，我们在其他事情上也多有分歧，但我们总能取得平衡。非大是大非的问题上，要么他让着我要么我让着他。大是大非的问题上，这件事谁亲自去做，就按谁的想法来。

除了思想观念，在其他方面我们也不太一样，比如说兴趣爱好。大熊做编程时，对着新的电脑游戏时，都会两眼放光。而能让我两眼放光的，只有好看的电影和好看的衣服。

我和大熊，是朋友圈里典型的恩爱夫妻。我仔细想了一下，我们之所以感情一直那么好，靠的并不是什么三观契合、爱好一致，而是我们都有一颗为了这个家共同努力的心。我们会体谅对方的辛苦，包容对方的缺点，了解并尽量不触碰对方的底线。

我突然想到，我身边也有另外一对号称灵魂伴侣的夫妻，他们的默契曾让我们羡慕。可是后来，他们的婚姻差点坚持不下去。原因并不是别的，而是男人太懒。终于，她不堪忍受，提出了离婚。虽然后来他们并没有离，可她对他的态度却有了180度的转变。用她自己的话来说，在现实生活面前，一切形而上的东西都是虚妄。如果他不能尽到丈夫的责任，而仅仅只是和你三观一致，那么幸福的婚姻也只是奢望而已。

开门七件事，柴米油盐酱醋茶。婚姻生活的复杂程度远超我们的想象。太多的琐事会磨掉耐心和爱意，如果没有相互体谅，相互包容，并尽可能多地承担夫妻义务，夫妻感情就会出现各种各样的问题。

我常常在想，这世上有真正各方面都契合的灵魂伴侣吗？我相信一定是有的。可这一定是建立在一个包容另一个体谅的基础上，就像钱钟书和杨绛，一个愿意为对方的理想牺牲自己的理想，另一个，一生都在为对方点赞。如果不能做到像他们这样，就会变成徐志摩和陆小曼，一个不停索取，另一个不断退让，让婚姻变得不堪重负。

所以说，年轻的男女们，在寻找爱情的过程中，与其追求三观契合、爱好一致，倒不如先睁大眼睛看看他的人品，看看他的习性，再看看他的原生家庭。这些都没问题了，再去追求形而上的东西。

用我妈的话来说就是，找什么灵魂伴侣，找到一个勤快的伴侣比什么都强。

全心全意之前是敬重

曾经有一个单身姑娘对我说，她的择偶条件很简单，只要能找一个全心全意对自己好的男人就行。

于是我忍不住翻白眼。男人又不是忠犬，相处总要时间，认识一个人，就指望他全心全意对你好，当别人都是你爹妈啊？

果姐在她的小说《婆婆的镯子很值钱》里写过，男女交往之初，是和对方的“形象代言人谈恋爱”。也就是说，才交往的时候，两个人还不太了解，为了吸引对方，不仅会像孔雀开屏一样，把自己的优点拼命展示给对方看，也会竭力隐藏自己的缺点。不温柔的，装出一副很温柔的样子；脾气坏的，懂得收敛；吝啬的，也会假装大方；就连家暴的，也会收起那双恶魔般的手。

就像我一个已婚多年的朋友一日吐槽说，如果她老公在婚前把缺点都暴露出来，哪怕只暴露百分之五十，他们也结不了婚。

为什么要隐藏缺点呢？因为才交往的时候，两人还不熟，以真面目示人，完全将缺点暴露出来，那不是自找分手吗？这年头，大家都那么忙，都那么缺乏耐心，都那么多缺点，单身男女想找一个理想中的对象，谈何容易？

交往一段时间，感情深了，一切又都不一样了，“形象代言人”功成身退，“超我”离去，“本我”大摇大摆出来——不讲卫生，爱说脏话，没上进心，拈花惹草……

所以说，一提到找对象，张口就说想找一个全心全意对自己好的人，根本就是悖论好吗？真有人才认识你的时候就全心全意对你好，那也不敢全信啊！你就不怕多巴胺的作用力变小之后，他的“本我”露出来吗？

当然，你也可以说，如果他全心全意爱你，自然会全心全意对你好。我不否认这个观点，可是你想过没有，爱情这个东西，保质期有多长呢？而你，有没有本事让爱情的保质期无限延长，长至一辈子呢？只怕这世上，没有人敢打这个保票吧！

我们家族里有个年长的姐姐，婚前是个小白兔，单纯得不得了。彼时，她和姐夫一个是厂里的会计，另一个人是质检员。他们俩门当户对，条件匹配，虽然工资不高，但在小城市，却足以过得有滋有味。于是在别人的介绍下，他们走进了婚姻的殿堂。

姐姐长相不错，选中姐夫，更多的是看中他为人忠厚，全心全意对她好。婚后第一年，两人还有新鲜感，婚姻很甜蜜。第二年，孩子出生了，问题就来了。姐姐姐夫都要上班，把婆婆接来与他们同住，帮带孩子。她那个婆婆是典型的搅事精，在家里横挑鼻子竖挑眼，当着姐夫指责姐姐不说，竟然还到处乱说姐姐的坏话。不到一年，姐姐姐夫就被搅和得天天吵架，几乎过不下去了。

这还不算，姐姐在家里无意间说了一句话，被婆婆传出去，差点酿成了大祸。姐姐是做会计的，有一次无意间在家里跟姐夫说，厂长支了一笔钱，不知道干什么去了。姐姐的婆婆抱着孩子出去，当天就把这事说了出来。口口相传，添油加醋，最后演变成了“厂长贪污了厂里很大一笔钱”。

刚好那一段时间有领导来检查，把厂长和财务部领导叫去问话，才知道厂长拿着钱买设备了，之前报备过，这次领钱才没说。更何况，姐姐只是一个小会计，厂长拿钱，知会财务部负责人即可，根本不必告诉姐姐的。

这本来只是一次乌龙事件，但因为给上面领导留下了不好的印象，厂长心里始终不是滋味。这事儿并不难查，一查就查出来流言的源头是姐姐。从此，姐姐就成了厂里嘴巴不牢的典型代表。做财务的，私底下会了解厂里的很多信息，嘴巴不牢可不行。而厂长也记恨上了姐姐，处处找碴儿，要不是国企不能轻易开除人，姐姐早就被撵走了。厂里一些逢高踩低的人，见厂长不喜欢姐姐，就跟着一起欺负她，让她受了很多委屈。

那些年，姐姐家里一直不得安宁，工作上也处处不顺，单纯如小白兔般的姐姐，就这样在几年之内生生被逼成熟了。

姐姐是个性格传统的人，要不是她能忍，只怕早就离婚了。

又过了几年，厂里效益越来越差，连年亏损，于是只能裁员。在正式裁员之前，厂里放出话来，愿意主动走的，可以一次性买断工龄，补偿十年工资。姐夫不愿意走，虽然效益不好，工资降低，但好歹是个稳定的工作，每个月都有钱可以领，走了之后能到哪儿去呢？

姐姐却受够了，怎么都不愿意再待在厂里了。姐姐不顾姐夫反对，顶着压力从厂里辞职了。

辞职之后，她拿着一次性补偿的钱，开了一家小饰品店，还利用多年的会计基础，给两家公司做账。生意才做起来的时候，忙得脚不沾地，晚上回家之后，还要熬夜做账。没时间做家务，没时间管孩子，初期没赚钱的时候，丈夫和婆婆都多有抱怨。过了一段时间，就不一样了。饰品店生意越来越好，逐渐地，一个月的收入能抵上姐夫好几个月的工资了。舍不得吃的肉菜，逐渐上了桌，买不起的大件，一件件添置回家。后来，姐姐干脆买了一辆小车，忙时进货，闲时家用。就连家里的孩子，也报了好几个之前舍不得报的补习班。

姐姐有了钱，一家人都是受益者，腰杆挺得直，也敢对婆婆说几句重话了。而姐夫那边呢，工资越拿越低，最后还不得不下岗，到姐姐店里帮忙。见姐姐在做生意上确实很有一套，姐夫简直佩服得五体投地。

又过了一两年，姐姐开了分店，置换了大房子，家里的经济条件越来越好，并且婆婆也被送回老家。再看他们夫妻，姐姐的脸上写满了扬眉吐气，而姐夫虽然还是那副忠厚的样子，但对姐姐的好又不同了。不再是最初单纯由爱情引发的好，而是敬重、爱戴、爱情相互交织。这时候，倒有一副举案齐眉的味道了。

我想起了一句老话：“经济基础决定家庭地位。”换个角度想，经济基础何止决定家庭地位呢？有时候，还会决定爱情上的主动权。无论是男人还是女人，有钱或会挣钱，本就自带光环，这也是个人魅力的一种体现形式。不得不承认的是，金钱往往能换来敬重，而敬重之后就是全心全意的爱。

再说我一个阿姨，她和那个姐姐虽然都是“曲线救国”，但方式却各有不同。那个阿姨的老公是做生意的，在市里有一家公司，旗下数十间门店，阿姨之前就是某一间门店的店长。她老公之所以要娶她，不是因为她业绩特别好，也不是因为她漂亮。

他们的故事，很多人都知道。

在他们还没有结婚的时候，有一次他巡店，那个时间点店里刚好没有生意，他看见她站在门口跟人讨价还价，为五块钱跟人争论了好几分钟。原来是她给店里买了一个灯，送货上门之后，她听了报价，发现比之前买的贵了五块钱，就跟人争论半天。

她争论的样子非常认真，就像是为自己家里的事情争论一样。从此，他就特别注意她，渐渐地发现她真是那种爱店如家的人。她所在的门店，店规都跟别人不一样，上厕所出来不关灯，都会被罚款。她就像爱惜自己家里的东西一样爱惜店里的物品。

当然，她也不是一味吝啬。关键时刻，该出的钱她一分都不会省。甚至有的时候，备用金不够，她自掏腰包也要把事情办了。

她对店里的员工也特别好，虽然她并不比他们大多少，却总是像照顾孩子一样照顾他们。有一次，他甚至看见她从家里煮了排骨汤，带去给店里的员工加餐。为了保温，她甚至连高压锅一起端了过去。

他也曾怀疑她是在故意表演，但后来发现不是，她就是那样淳朴的，只要认定了就一定要做到的人。他单身好多年了，生意越做越大，各种各样的女人见识了不少，就没有见过像她那样“缺心眼儿”的姑娘。于是他对她的敬重感越来越强烈，想着，要是能娶这样的女人为妻，该有多幸福啊！家业再大，也得有人帮忙管着，这个连五块钱都要替他省的姑娘，让她帮忙持家，他放心。

婚后，他曾经问自己，他对她有爱情吗？仔细想想，是有的。敬重何尝不是爱呢？更何况，如果没有爱的话，他又怎么可能愿意跟她朝朝暮暮一起生活呢？

掺杂着敬重的爱，让他们越来越有默契。就这样，他们一起生活了几十年。他在生意上的任何困惑，都会讲给她听，她并不是每一次都能听懂，却会尽力去给他建议。

有一次，我手里刚好有些闲钱，就准备跟他们一起投资一间店。我们看好了一个门店，一起去跟老板谈。那家店之前是做超市的，虽货物已清空，但地上还是散落着一些杂物。阿姨的丈夫和老板谈判的时候，阿姨就在门店里转来转去，等谈得差不多时，她走过来，手里提着两个大袋子，一个袋子里满满都是盐、孜然、酱油等，另一个袋子里是纸壳、包装纸、空瓶子之类的。

她见我们都看着她，有些不好意思，说她已经看过日期了，都在保质期之内呢。又说，地上纸壳太多了，收拾收拾至少能卖十几块钱。

我们都很惊讶，她老公腰缠万贯，她竟然跑这儿来捡超市遗落的酱油和盐，十几块钱的纸壳她也亲自动手收拾，这真是让人不知道该说什么好。

她老公见她这样自说自话，又好气又好笑，从袋子里拿了包调料，扔她身上，笑骂她，够你吃十年。她也不生气，挪动着胖胖的身体，把他扔地上的调料捡到袋子里去了。

他看她认真做“丢脸”事的样子，半是感叹半是认真地说：“家有一宝，真是家有一宝啊！”

他每次出门跟人谈事情，都会带上她，她未必能帮上忙，甚至还会像这次一样，给他“丢人现眼”，可她却总能在一些小事上让他感到惊喜，就像这次一样。

他家里缺那几包盐、几瓶酱油吗？不缺。换了普通中产阶级，见自己妻子捡垃圾，只怕心里会产生鄙夷之情，觉得配不上自己。但他不一样，他是做生意的人，白手起家，知道一路走来有多不易。即使家财万贯，他依然珍惜每一分钱。她可能未必懂得，但在这一点上，他们是一模一样的。这是他娶她的最主要原因，也是他们相互尊重，夫妻恩爱的重要原因。

我仔细观察身边那些过了七年之痒，感情依然很好的夫妻，发现他们无一例外，妻子对丈夫有爱，而丈夫对妻子，不光有爱，还有敬重。

爱，让人心甘情愿对另外一个人好，而敬重，却会让一个人长长久久全心全意对另外一个人好。

三好男人改造记

我和大熊恋爱两年，结婚三年，现在孩子一岁半。每次我们夫妻俩一起出门，我都会收获很多的羡慕。

“天哪，你老公对你真好。”“你俩看起来真时尚，太配了。”“他怎么那么勤快啊！”“很少见到脾气这么好的男人。”

事实上，他婚前根本不这样。

我跟他谈恋爱的第五个月，约会地点就从电影院公园游乐场转移到他家了。说是他家，其实是一个租来的一室一厅。到他家之前，我从来没有到过任何一个单身男人的家。我根本无法想象，单身男人住的地方原来是这样的：虽明显收拾过，但厚厚的灰都躲藏在不显眼的角落。虽喷了空气清新剂，但屋子里却还弥漫着一股散发不出去的闷热难闻的气味。厨房从他搬来起几乎就没用过，厨具除了一个煮方便面的小锅、一个大碗和一双筷子以外，其他任何东西都没有。

客厅不大，只摆得下一个双人沙发。他让我坐，我刚坐下来，就感觉靠枕不是很舒服，我挪动了一下靠枕，一只久穿不洗而定型了的臭袜子就露了出来。

他一脸尴尬，说，袜子总是穿穿就找不到了，原来在这里。

我瞅着他没说话，犹豫要不要继续坐那个沙发。他嘿嘿笑，说等你住进来，应该会好一点。

我明白他的意思，才跟他谈恋爱我就发现了，他有点大男子主义，只怕心里想着，等我住过来，就让我来收拾了吧！

邋遢不足以让我们分手，我还是爱他的。又谈了一段时间恋爱，我搬着行李，住进了他的小屋。住进来之后才发现，他比我想的更不会照顾自己。从参加工作起，他就没做过一顿饭。饿了不是外卖就是泡面。彼时他还是普通的技术人员，公司对技术人员着装没要求，他一打一模一样的T恤、四条一模一样的牛仔裤，对付一个夏天。冬天就更简单了，两件羽绒服，一件黑色一件灰色，穿一个冬天，来年开春换春装之后，一起拿去干洗。

至于鞋，他有很多双板鞋，穿脏了一起扔洗衣机里洗。而他那洗衣机，不仅要洗鞋，还要洗衣服内衣袜子……知道真相的我眼泪掉下来，当场跟他说了一个字：以后再也不要碰我了！

当然这只是气话。为了让他脱胎换骨，我只能一点点潜移默化地实施改造计划。

用了一整天时间收拾屋子，再拿着他的银行卡，带他去超市大采购，大到洗衣机，小到锅碗瓢盆油盐酱醋。顺便又给他买了一打内裤和一打袜子。回到家拉着他一样样摆放整齐。他瞠目结舌，问我是要开厨具展览吗？两个人怎么可能用得着这么多锅？

煎鸡蛋用平底锅、煮牛奶用奶锅、蒸馒头用蒸锅、炒菜用炒菜的锅，加上一个电饭煲、一个电高压锅、一个隔水炖盅，这都只是最基本的。可我不会这样说，说了他也不理解，他可是那种天天只会吃泡面还觉得泡面味道不错的人啊！我只笑笑，说没事，反正我用，都能用上。

我对他没其他要求，只三点，第一，之前的所有的内裤和袜子，都给我扔了；第二，以后衣服必须分开洗；第三，不许到家就脱袜子，脱下来就扔沙发上，转角就是洗衣篮，那是袜子的去处。

这三点不难做到，他很爽快就答应了。

曾经有两次，他不小心把袜子扔在了装衣服的篮子里。我揪住他耳朵教训了半天，道歉没用，打扫一遍卫生间才肯原谅他。

他打扫我监督，那些角角落落，都得擦干净。一遍做下来，花了他两个多小时。他刚抱怨辛苦，我就说，这些平时都是我在做啊，我不仅要做这个，还得收拾整间屋子，还要每天给你做饭吃。你知道我的时间都花在哪里了吧？

他大惊失色，坚定了要请一个钟点工的决心。

那时候我俩收入都不高，又是租房住。钟点工一个月来四次，六百块。这笔钱明明能省下，我却不拦他。打扫卫生太耽误时间，我们都不必把时间浪费在这上面。若他习惯了所有家务都是我做，我就真沦为老妈子了。

我对吃向来讲究。白天都要上班，中午都在公司吃，晚上那顿很重要。我下班比他早半小时，到菜场买好菜回家休息一会儿，他也就回来了。晾好的养生茶水刚好能喝，杯子递给他，我就钻厨房里忙去了。把菜洗好，我叫他过来。我不让他干活儿，反正他也不会做。我让他在旁边陪我说话，我跟他说，一个人在厨房做菜很寂寞的，有人陪着说说话，时间好打发。

他是个懒人，不用动，只靠在门口动动嘴，这事儿他很乐意干。

都过上夫妻生活了，还能说什么呢？聊聊家常罢了。聊家常的过程中，我见缝插针告诉他每样菜都叫什么，该怎么切，怎么炒好吃。他分不清生抽老抽蚝油的区别，我边炒菜边告诉他，下次再说一遍。等我说到第三遍的时候，他就说，我都知道了，你好啰唆啊！

那我就闭嘴。见他茶喝完了，派他帮我拍个蒜、切点小葱。这都是小活儿，但他仍然不乐意干。他说，你炒菜好吃，不放蒜不放葱还不是一样。我说，做菜就是要讲究精益求精。少一个步骤，味道可能就不一样了。

他嗤之以鼻，我也懒得在这件事上跟他纠结。过了些天，我大姨妈来了，肚子很痛，跟他说我不做饭了，我们出去吃。才在外面吃了两顿，他回家就抱怨，跟我商量，要不，我们就煮面条吧，青菜我洗，鸡蛋我打，你来煮就行。

我知道他的胃已经养刁了，这才二十多天呢！二十多天可以养成一个习惯，也足以养刁一个胃。这二十多天，我没让他在外面吃过一顿饭。早上我起床做早餐，中午给他带饭，晚上回来煮新鲜的。之前他一直在外面吃，不觉得有什么，可吃习惯了家里不放味精鸡精的菜，再吃外面的，差别就出来了。这就叫由俭入奢易，由奢入俭难。

我当时没说什么，到做饭的时候，我跟他说，我肚子实在是太痛了，我指挥，你来煮面。他想吃，也就做了，按我说的步骤，一点不差。其后两天我又指挥他炒了几个菜，倒也还好。但等我好了，只要我在家，他就摆出一副我该做饭的样子。我还是笑嘻嘻的，我做就我做呗！

有一天早上，他起床了，见我还在卫生间化妆，问我，怎么没做早饭啊！我说我起晚了，只能在化妆和做饭之间选一样，我得上班，只能选化妆。他有些着急，问吃什么。我说，锅里有俩煮鸡蛋，你拿一个去吃吧！

其后，连续一周，早餐都只有煮鸡蛋，还只有一个。他找我谈判了，他说这样不行，一个鸡蛋吃不饱。我就跟他说，我每天早上必须要早起一个小时，才能又做早饭又化妆。我晚上和他一起睡，早上比他早起一个小时，我很疲倦。我以后都不打算做早饭了。

他大惊失色，说，这怎么行？外面的又不干净又难吃。这句话是我说的，我总在他面前唠叨，他形成了思维定势，又拿这句话来说我。

我就跟他说，以后早上咱俩同时起，我化妆你做早饭，要不然就不做。他想了想，觉得我的要求并不过分，而且一起起床还挺浪漫的，就答应了。可他坚持不住，我也不说他，就是表现出很生气的样子。他若没做早餐，那天早上我俩都没得吃。他知道我不喜欢吃外面的东西，却不知道，我生气只是因为他答应了却没有做到。

我生气的后果就是，当天晚上不做晚饭。这样第二天中午我们都没有带的。

他反抗过，跟我吵架，说早上一顿不在家吃又怎么了？到外面买个饼多方便啊，为什么一定要在家里做？我一改平时好说话的性子，跟他针锋相对，还哭了一场。我问他，做家务是不是都是我的责任？我在家也是被父母疼在掌心上的，凭什么跟他在一起之后，家务都是我做？

那次我态度特别强硬，把他给吓着了。他连连答应，以后他一定坚持每天早上都起床做早餐。

那一次，是我跟他恋爱以来，唯一一次作到底，之前从来没有过，之后也再也没有了。那一次，作到鸡飞狗跳，日子差点过不下去。我笃定他不会为此跟我分手，做早餐只是小事，因为这个分手就太可笑了。更何况，他已经习惯了跟我在一起的“好日子”，再恢复单身生活，他过不下去。

可以说，那是我们之间关系的转折点。我不作，他就以为做那些家务是我心甘情愿的。我不作，他就不知道怎么对我好。也就是那次作，改变了他的一个思维：家是两个人的，要分工协作，才能形成良性循环。他的大男子主义，收敛了不少。

后来，又用同样的办法，让他养成习惯，我做晚饭的时候，他不只是靠着沙发喝茶了，而是帮我洗洗涮涮，打打下手。

当然不止做饭这一件事，还有其他，比如说，我帮他买衣服。

一开始是休闲西装、风衣、休闲皮鞋。他不肯穿，运动装是他的舒适区域，皮鞋再休闲，也没板鞋舒服。我就在他耳边念叨，给他买衣服花的是我自己的工资，买一套大半个月的工资都没有了，他怎么忍心不穿。他被我说烦了，于是穿上我买的衣服。我就表现得特别高兴，像中了大奖一样。我夸他帅，穿跟他相配的衣服，拉他逛街。遇到熟人，只要有人夸他衣服好看，我转身就跟他开玩笑说，女人品位的终极体现是男人，以前我总觉得自己品位差，现在才发现，也还好。

然而这些，都没什么用，他还是会跟我抱怨，说我买的衣服穿着不舒服，他又回到了他的舒适区域。我花高价买的衣服，他放柜子最底下，又开始穿他丑到家的冲锋服和牛仔裤了。直到有一天，他做了一个很好的案子，得到大领导的亲自接见，大领导跟他寒暄的时候随口问，前几天穿米色风衣的那个人是不是他。

他立刻就懂了，他穿我买的那套衣服时，大领导有注意到他。

当我发现他开始主动穿我买的衣服时，就找了个借口把他以前的衣服收拾收拾，扔出去一大半。又用他的卡，给他置办了好几套行头。

穿习惯了皮鞋，就不会觉得不舒服了。脱离舒适区域之后，我开始给他科普搭配的知识。他带听不听，我也不管他。直接帮他搭配好，放在床头，第二天他起来就能穿了。

有一天我要出长差，要走一个月。我帮他搭配了七套衣服挂在衣柜里，这显然不够。等我出差回来，我才发现，其实他也能自己搭配，就是懒，太依赖我。从此我就再也不帮他搭配了，偶尔还会叫他帮我配衣服。

后来我们就买房结婚生子了。孩子出生前，我拉着他一起看照顾小孩的视频，怎样换尿不湿，怎样穿衣服，怎样喂奶，怎样拍嗝……边看边跟他说，月子里我要好好休息，只怕照顾不了孩子。也不能事事依赖他妈妈，他得学会做这些事情。新生命的到来，是令人激动的，他没多想就同意了。

后来的事情大家就都知道啦！他从一个分不清油盐酱醋的人，变成了一个会做饭会做家务又有品位的三好丈夫。

想想这一路走来，也是挺不容易的。我加了一个妈妈群，群里的妈妈们总喜欢分享驭夫术。我不知道我对大熊的这些作为算不算驭夫术，我只知道，我跟他在一起的时候，就想明白了，我是要跟他过一辈子的。那么我们两个人之间，必定要达成一种平衡，而这个平衡，能让我们的生活变得更加美好。

婚姻里最大的孤独

和离婚后带着孩子旅居美国的大学好友杨小漾以及我那个工作狂了很多年，却始终与婚姻无缘的闺蜜小萤聊天，说起“婚姻里最大的孤独”这个话题。

小萤认为，婚姻里最大的孤独是：明明相爱，却并不了解。

她举了郭靖黄蓉的例子。婚前，黄蓉是那样一个珍珠般的女子，聪颖而叛逆，敏感而多思，最不畏强权，不屑阶级和规矩。那时她的鬼点子一个接一个，哄得长辈滴溜溜转，整得坏人落花流水。婚后，她却变成了死鱼眼珠子，跟随着郭靖，满口民族大义，把女儿惯成了骄纵的大小姐，拆散杨过和小龙女的理由居然是，师徒不能结婚，这是乱伦。

少女时期的黄蓉，为了能让郭靖拜洪七公为师，挖空心思用五肉拼盘为洪七公做了“玉笛谁家听落梅”，以及赏心悦目的“好逑汤”，洪七公明白黄蓉的心思，称赞她“七窍玲珑心”。黄蓉费尽心思做的美食，迟钝的郭靖吃不出来，也不明白，洪七公骂他“牛嚼牡丹”。

小萤说，只怕那时候，世事洞明的洪七公就看出来了，他们这份婚姻最大的不匹配不是穷小子和世家女之间的门不当户不对，而是明明相爱，他却不懂她。

黄蓉爱郭靖，懂郭靖，为了成全自己的这份爱情，才会在挽发洗手做羹汤之后，逐渐变成一个庸妇。午夜梦回时，黄蓉应该是很孤独的，她千回百转的心思，他全然不懂。爱上了不了解自己的人才是最大的孤独。

我得承认，小萤的观点倒也没错。每个人的观点都与自己的经历有关。小萤的恋爱经历特别少，个人条件和经济条件都很不错。她不会为了任何一个世俗的理由而结婚，除了爱情。她对婚姻有很高的憧憬，渴望灵魂伴侣，就像树木渴望水分。

然而在我看来，灵魂伴侣这种事，是可遇不可求的。这个世界上没有完全相同的两片叶子，也没有各个方面观点完全一致的伴侣。总有不匹配的地方，黄蓉能选择郭靖，除了彼此相爱以外，也一定有完全契合的心理需求。不然，她们日常如何相处呢?

于是我说，婚姻里最大的孤独是，爱上一个不爱你的人。

我举了董小宛和冒辟疆的例子。董小宛那样一个才情绝艳的女子，爱上了冒辟疆，暗恋让她差点连命都丢了。可就算这样，冒辟疆苦于家庭压力，还是不肯娶她，直到钱谦益替她赎身，冒辟疆才勉为其难接受了董小宛。自此，秦淮八艳之一的董小宛，甘为人妾。大妇吃饭，她站着伺候；冒辟疆生病，她一日日擦洗操劳。做小伏低，丧失自我，却换不来他的真心。战火来临时，他第一个想要丢下不管的，就是董小宛。

奋不顾身的爱，只能低到尘埃里，然后在尘埃里死亡。虽然董小宛自有她的快乐，但那种时不时像海浪般涌来的孤独感，却如影随形。要不然，那个曾经期盼岁月静好现世安稳的张爱玲，就不会在分手信上跟胡兰成说，我已经不喜欢你了，你是早已不喜欢我了的。

爱上一个不爱你的人，那种孤独，是你坐着站着走着，哭着笑着闹着，都是错；是对他不好错，对他好还是错；是只要你死心塌地爱着他，就连呼吸都是错；是你就在我身边，而我只是一个人经受着寒冷侵入骨髓的孤独。

当我说完这些的时候，小萤和杨小漾都有一瞬间的失神。然而杨小漾还是反驳我说，不对，婚姻里，最大的孤独不是他不爱你，而是你不爱他。

杨小漾说完这句话的时候，我和小萤都沉默了。小萤未婚，她的事业成就和经济实力，使得她在选择伴侣时，有了很大的自主性：我有面包，你带着爱情来就好。因此，她并不知道和不爱的人在一起是什么感受。而我最大的幸运就是，我和我的丈夫是因为相爱才结婚的。

只有亲身经历，才最有话语权。书本里得来的知识和道听途说的道理，在真实发生的事情面前，都只是隔靴搔痒。关于婚姻里的孤独，杨小漾才最感同身受。

杨小漾说，不为爱而结婚，婚姻里的每时每刻都是煎熬。他不在身边还好，在身边的话，每一秒都像是被拉长了。总是想要发脾气，可也知道，他其实并没有什么错，错的只是我不爱他而已。婚姻里，有那么多的快乐和忧伤，和他一起，连携手度过的兴趣都没有。如果说，爱上一个不爱自己的人，是带着狂热的信仰在生活，那么，和一个自己不爱的人在一起，就是带着神仙般的自律在勉强活着。和不爱的人在一起，表情能伪装，身体却很诚实。不瞒你们说，和他结婚那几年，我脸上的痘痘从来就没消过，心里一直煎熬着。一离婚，我就好了。想来，还是那些年太过于压抑的缘故。

听了杨小漾的话，我和小萤都陷入了沉思。我想起很多年以前，有一个姑娘跟我说，她要嫁给相亲对象了，因为他条件还可以，而她的年龄也不允许她再挑了。我又想起另外一个姑娘跟我说，她很爱她的男朋友，可他太穷了，根本买不起一套房，她很犹豫，不知道要不要跟他分手。我还想起，去年杨小漾才到美国时，跟我说，跟她一起学语言的两个姑娘，是有钱人的外室，在她们眼里，读书和买包一样，都是为了打发时间。然而即使如此，满满一壁橱的包，也填补不了她们眼中的寂寞……

杨小漾说着说着，声音就有些哽咽，也许是她又回忆起那些让她感到难堪的岁月了吧！她现在带着女儿独自在国外生活，很快乐，比在无爱的婚姻里，不知要快乐多少。

如果说以前我对结婚的充分必要条件还有疑虑的话，经过和她俩的这番讨论与思考，我想我已经很清楚了：只有因为爱才结合的婚姻，才最幸福。

人生那么漫长，如果和另外一个人没有爱，分分钟都是煎熬。有了爱，才能抵御婚姻里所有的坎儿和坑，才能一同走过那漫长的岁月啊！

我在跟着我的全世界

我的爷爷奶奶，只怕是这个世界上，我见过的最恩爱的夫妻了吧。

五年前，奶奶得了阿尔兹海默症，简称老年痴呆。该忘的不该忘的，全都忘记了。甚至连我爷爷，她都记不得了。

爷爷以前是初中老师，奶奶在学校开了间小卖部。后来，生意逐渐不好，奶奶就当了全职太太。爷爷退休后，他们就搬回老家住了。老家房子宽敞，有一个大院子，院子里有棵桂花树。冬天的时候，两人经常一起坐在桂花树下晒太阳，聊聊家常。有时候手里没活儿做，他们就手拉手去散步。

老房子里，就住着爷爷奶奶两个人。他们在后院开辟了一块小菜园，种了点萝卜白菜豇豆茄子之类的蔬菜。做饭、做家务以及种菜，两个人相互协助，配合工作，生活悠闲自得。但自从奶奶得了老年痴呆之后，所有的活儿就都落在爷爷身上了。

爷爷干活儿的时候，就把前后院子都锁起来，搬把椅子，让奶奶坐在他视线所及的地方。可奶奶那时候已经很糊涂了，总是悄悄站起来，起身就走。虽然她忘记了很多事情，但她却记得钥匙放在哪里，她不声不响把院子门打开，就走出去了。

好几次，奶奶都迷路了，爷爷就出去把她找回来。因为他们不是一直生活在老房子里，所以周边很多邻居都不认识他们，找奶奶就可费劲了。爷爷想了个办法，他在奶奶的袖子上套了个袖套，绣上了他的电话。可不知道为什么，奶奶似乎很讨厌那个袖套，出门没多久就取下来扔掉了。

为了更好地照顾奶奶，爷爷不种菜了，把不必要的家务活也放到一边，只要奶奶醒着，他就尽量跟她在一起。她出门他就跟着，到了饭点儿再哄她回家吃饭。

奶奶“不认识”爷爷，有时候她独自一人往前走，而爷爷苦劝她回来吃饭，她就会生气。有时候还会拿石头扔爷爷，大声叫：“我又不认识你，你总跟着我干什么？”

爷爷是老师，很爱面子，被奶奶这样当众骂，脸上就有些挂不住。他只好跟人絮絮叨叨解释说，这是我妻子，她得了老年痴呆，快吃饭了，我拉她回去……换来的只是别人恍然大悟及同情的眼神，这让爷爷更不舒服了。更何况，他的解释只是给路人听的，对奶奶没用，奶奶照样推他扔他骂他。

后来，这种事情发生的次数多了，爷爷也就总结出经验来了。先不管别人怎么看，把奶奶搞定才是最重要的。讲道理对奶奶一点都不管用，苦劝更是效果甚微。而死皮赖脸跟着，反而更有效。

于是每一次奶奶问，你跟着我干什么？

爷爷就会大声回答，我在跟着我的全世界。

第一次听到爷爷这样喊口号似的答案，我忍不住乐了。大熊追我追得最狠的时候，都没有这样肉麻兮兮的表白。大熊所有的情话都在微信和短信里，当面说的次数寥寥可数，就算说，也只在我们独处的时候。不像爷爷，当着所有人的面儿就说出来了。

爷爷见我笑他，就有些尴尬。然后他跟我说了一个故事，一个发生在他们年轻时候的故事。

爷爷和奶奶是一个村里的。奶奶家里有人当村官，奶奶初中毕业之后就在村供销社当售货员。那时候，售货员很吃香的，奶奶又长得美，村里很多优秀小伙子都追求她，包括爷爷。爷爷初中毕业之后又读了师范，毕业后分配到城里的中学教书。他最大的竞争对手，是奶奶的同事——另外一个售货员。

那时候粮食不够吃，都凭票买，在城里当老师还不如在村供销社当售货员。更何况爷爷的父母是农民，那个人的父母是村官，人家家里的条件比爷爷家好太多。那人又近水楼台，天天和奶奶一起上班，怎么看都比爷爷有优势。

爷爷平时在城里工作，周末才回村里。回去后，他除了吃饭，剩下的时间都泡在供销社，奶奶到哪儿他到哪儿。奶奶嫌影响不好，不让他待在供销社里，他就守在门外，一守守一天。晚上奶奶下班了，他又跟着，把她送回家。

爷爷像尾巴一样跟在奶奶身后，这引来了村里人的窃窃私语。奶奶就有些恼羞成怒，骂他："你没有家吗？总跟着我干什么？"

见奶奶发火，爷爷蒙了，不知道该怎么回答。晚上回去就一直想，跟着她干吗呢？喜欢她才跟着呀！可这种话他说不出口。那个年代的人，都太含蓄。于是，爷爷给奶奶写了一封信，信的第一句话就是："你白天问我总跟着你干什么，我想，我跟着你的时候，就是跟着我的全世界……"

那封信彻底打动了奶奶，于是奶奶不顾家里人的反对，毅然决然地跟爷爷在一起了。

奶奶拒绝了那个男售货员，得罪了他们家，于是他们想办法把奶奶的岗位挤掉了。奶奶失业了，干脆就跟着爷爷到了城里，过起了苦日子。说起这件事，爷爷还无限唏嘘，奶奶是为了他才丢了工作。

有情人在一起，苦也是乐，却不料世事弄人。在我爸十来岁时，爷爷作为“臭老九”被关了牛棚。那几年，爷爷的很多同事都因为熬不住而离婚了。奶奶若肯跟爷爷脱离关系，带着我爸回老家，就不必跟着一起受罪了。可她不，即使所有的暴风雨兜头砸来，她也不离不弃，坚决陪在爷爷身边。

她和爷爷一起被批斗，被指指点点，因为她不肯跟爷爷脱离关系，就是“思想觉悟有问题”，便被罚去扫马路、扫厕所。不扫的时候，就带着牌子跪在大街上被过往的行人指指点点。

奶奶尚且能支撑住，爷爷却心疼了。奶奶再去看他，他就骂奶奶，让奶奶走。奶奶不肯，还是每日给他送吃的，叮嘱他各种事情。

爷爷生气了，骂她：“我都已经这样了，你还跟着我干什么？”

奶奶哭了，说：“跟着你，就是跟着我的全世界。”

后来，斗争结束，爷爷被平反，他们又过上了好日子。两人这一辈子，遇事总商量着来，从来没吵过架，红过脸。

可现在他们老了，到了该享福的时候，奶奶却得了这种病，连爷爷都不认识了。她骂爷爷，不让爷爷跟着。爷爷说什么话都不管用，只有这一句“我在跟着我的全世界”被奶奶记住了。当爷爷说这句话的时候，奶奶就会变得很安静，乖乖跟爷爷走。

爷爷的讲述比较长，我们一直走回家，他都没讲完。爷爷边讲边准备晚餐，我给他打下手，奶奶坐在厨房的椅子上安静地听。饭做好了，爷爷的故事也差不多讲完了。回头叫奶奶吃饭，才发现，她不知道什么时候睡着了。

我正想叫醒她，爷爷手指放唇边，做了个“嘘”的动作，示意我跟他一起把奶奶搀扶到床上去睡。等奶奶躺到床上，我转身去餐厅的时候，突然发现爷爷正目不转睛地望着睡熟的奶奶。我正准备叫他，就听见他跟我说：“你看你奶奶，睡着的样子多可爱。”

我看着奶奶那张布满沟壑的脸，再看爷爷眼神里藏也藏不住的温柔，突然觉得好感动。这个老男人，这一刻，在我的心里是多么得可爱啊！

嫁给婆婆

我的朋友肖雅，谈起她的老公就直摇头，坦言有时候她简直怀疑，她不是嫁给了丈夫，而是嫁给了婆婆。

肖雅的丈夫在外地做生意，两个月回家一次，每次就待三天。回来之前，家里就大肆采购，买各种好菜，像过年过节一样，然后大吃大喝几天，一片祥和的气氛。然而时间总是很短暂，夫妻俩热乎话还没说够，孩子还没跟他熟络，他就要走了。临走时，肖雅帮他收拾行李，送他上飞机。一开始的时候，肖雅总是忍不住哭，后来慢慢习惯了，也就不哭了。

肖雅不是没想过跟他一起，到他做生意的地方去居住，不必忍受分离之痛苦。可她不能，孩子正在上小学，现在居住的这个城市，医疗教育各方面的条件都很好，去了丈夫那边，自己尚且能将就，孩子却不能。更何况他还有个年迈的寡母，至少半年去一次医院。婆婆全靠她照顾，若全家都到了那边，实在是不方便。

家里房子挺大，平时就三个人居住，肖雅、婆婆和孩子。孩子还小，丈夫又远，平时家里有什么事情就只能跟婆婆商量。相处久了，居然有种相依为命的感觉了。

两代女人相处，而且还是婆媳关系，怎么可能没有矛盾呢？于是一开始的时候，总是因为婆婆嘴碎、肖雅自顾不暇而吵架，后来，当这两个女人明白，就算矛盾再多也得住在一起的时候，就慢慢学会了相互包容。几年前有一段时间，婆婆突然对肖雅特别好，好到谄媚的程度，肖雅不明所以，还问丈夫是不是他跟婆婆说什么了，然而丈夫也觉得莫名其妙。

后来突然有一天，肖雅听见亲戚们在传，丈夫在那边找了个女人，住在一起，还帮他生了个儿子。肖雅的心立刻就沉了下去，便去逼问婆婆。婆婆承认早就听说了，只是不敢告诉她，怕她生气闹离婚不管她和孩子了，才巴结她。肖雅哭笑不得，连夜赶到那边，去了之后才发现什么事儿都没有。之后又突然袭击了几次，甚至为防止婆婆或孩子打电话通知他，还带他们一起去，全程看着他们，但仍然是什么事儿都没发生，也就作罢了。她暗笑自己变得疑神疑鬼，以至于夫妻之间最重要的信任都减少了。

肖雅的丈夫每年都会说，明年就想办法把生意转移到这边来。可是谈何容易，那边有资源，劳动力又便宜，竞争不算激烈，转回来面临的市场状况就不同了。肖雅只盼望孩子快点长大，或者他的生意再做大一些，赚到足够的钱，就可以找人打理这个生意，夫妻就可以团聚了。

我的另外一个朋友小君，倒是和丈夫住在一起，可她那个丈夫是个寸草不摸的主儿。才结婚时没什么，反正两人都要上班，都忙，一周五天都在外面吃，家里还请了个钟点工，他不干活儿倒也不至于引发夫妻矛盾。等生了孩子才发现，一个什么都不做的丈夫，有他还不如没他。天天杵在眼前，却什么忙都不帮，看着只会让人心头一阵发恨。

小君曾试图培养丈夫干些力所能及的家务活，可他就像是缺乏这方面的细胞，教了也照样做不好。特别是在对待孩子方面，他真的是一点都不擅长。本来孩子在笑，他去换个尿不湿都能把孩子弄哭。有一次小君上厕所，让他照顾一会儿孩子，没想到他抽烟把孩子的手臂烫伤了！当然他肯定不是故意的，谁知道右手弹烟灰，那烟灰怎么就做了曲线运动，没落进烟灰缸，反而落在左手抱着的孩子手臂上呢？

小君和他大吵了一架，她也想不通，这个人怎么就这么缺心眼儿，让几个月大的孩子吸二手烟不说，明明拿烟的手、孩子的胳膊、烟灰缸呈三角关系，他怎么就这么巧弹到孩子胳膊上了呢？当时小君恨不得拉他去做亲子鉴定，让他知道，那真是他的娃。

月子里，婆婆没来照顾，小君赶时髦，去了月子中心。出了月子，她妈妈来了一段时间，后又换她婆婆来，来了小君就舍不得让婆婆走了。小君这才明白，自己的丈夫之所以那么“无用”，只是因为他有一个太“有用”的妈。

然而这个时候，再责怪他妈大包大揽已经来不及了，反正他已经这样了。而婆婆大包大揽的好处，小君却体会到了。

虽然小君也会做一些家务，会带孩子，但因为是新手，总没婆婆做得快、做得好。婆婆脾气好，为人善良睿智，情商够高，小君跟她越处越投契。

小君留婆婆常住，家里的事情不跟丈夫商量，都找婆婆商量。小君跟我们开玩笑说，要不是他还往家拿钱，支付家里的开销，她简直以为她是嫁给了婆婆。

私下里，小君和婆婆处成了姐妹，偶尔开玩笑跟婆婆说，还好她不是男人，否则，她都想嫁给她。

我跟我婆婆相处得不算好。我们并没有什么默契，经过了一系列“战争”之后，勉强达到了“相敬如宾”的程度。有时候，我很羡慕那些婆媳关系好的女人，因为这世上只有女人最理解女人，婆婆都是从媳妇做起的，若她愿意真心帮你、关心你、爱护你，你的生命里，就多了一个妈，而不是敌人。

然而再换个角度想想，嫁给婆婆的女人，何尝不是孤独的呢？婚姻里的孤独有很多种，最难挨是同床异梦，最容易是还有爱情。怕就怕，比鸡肋略好，比鸡胸肉略差，顶多只能达到鸡脖子的程度。而嫁给婆婆，只怕就是那鸡脖子吧！若有鸡腿啃，谁都不愿意吃鸡脖子，没有选择的情况下，鸡脖子好歹也有二两肉啊。

不结婚的女人

到了 30 岁这个年纪，时不时就会有朋友的婚讯传来。曾一一红包送出去一个又一个，自己却总也结不了婚。

曾一一的第一个男朋友是学医的博士，他们断断续续在一起 6 年。刚开始相处时，博士不过是个刚出校门的小医生，而曾一一也不过是个穿批发市场 15 元 T 恤的小白领。

虽然第一次见面之前的十分钟，两人就因为信息传达错误导致互相找不到对方而吵架，但见面后一米八身高、白白净净的博士还是让曾一一心动不已。第二天早上，曾一一刚起床就看到十几个未接来电，打过去后博士用埋怨的口气说：“你怎么这么晚才起啊，我都在你家楼下等了一个多小时了，身上全是蚊子咬的包！”

那天狗狗拉肚子，曾一一本打算带狗狗去看医生，没想到博士会以这样霸道的方式出现。博士说不用看医生，买一元钱的土霉素就行。买药的路上狗狗又拉肚子了，曾一一手忙脚乱地收拾狗狗的粪便，博士则手忙脚乱地帮忙。在那一刻，曾一一忽然有了一种特别的感觉——过日子的感觉。

之后博士一直用实验室研究小白鼠的方法教曾一一训练狗狗的吃喝拉撒，狗狗渐渐学会了执行简单的命令，曾一一再也不用在充满尿骚味的房间里度日了。而他们俩的关系也越来越近。

曾一一学历不高，而男友是博士，男友的优秀常常让曾一一自卑不已，但对他的崇拜和依赖也与日俱增。

直到医患关系越来越差，博士改行创业，帮医院及研究部门做有关基因检测的实验。只是上海市场已饱和，他需要到北方开拓市场。

长期异地生活让曾一一很没有安全感，于是在一起第四年的时候，曾一一流露出想结婚的欲望，而博士承诺会尽快将事业重心转移回上海。这样过了半年又半年，博士的承诺却一直没有兑现。后来曾一一的逼婚行为越来越赤裸，博士的借口也越来越花样繁多，有时候是长辈问题，有时候是事业没稳定不能给她好的未来，有时候是工作太忙没空考虑结婚的事。

博士还是那么聪明，那么优秀，那么努力，可是曾一一却感觉他越完美，和自己就越来越没有关系。

终归还是走上了分手之路。分手之后，曾一一没有长期陷入痛苦的情绪之中，而是迅速和一个海归在一起了。他们进展速度非常快，曾一一到海归所在的城市旅游时随口问了一句："会带我去见你家人吗？"海归回答："好啊。"

曾一一没想到自己在博士那里盼了好几年的愿望，居然在和海归刚开始谈恋爱两个月的时候就实现了。海归的父母非常nice，于是又过了几个月，海归也见了曾一一的家人，两人决定过年就领证结婚。

谁知过年再次见面的时候，海归居然随口说出暂时不想结婚这样的话，曾一一非常生气和失望。难道结婚这种事是说改就改的吗？朋友和同事都知道了她的婚讯，叫她如何向别人解释？即使可以不在乎别人的想法，可是曾一一在乎他爱不爱她，而在曾一一看来，不想结婚就是不够爱。

海归对曾一一还是像以前一样好，邀请她和她的家人一起海岛游。也许随口改婚期在他眼里和随口决定见父母一样不算什么大事，但曾一一心里却始终不是个滋味儿，开始重新考量他们之间的关系。

过了30岁，父母催婚催得越来越紧，很多烦恼像麻绳一样缠绕着，让她喘不过气来。曾一一忽然开始想：如果不考虑父母、不考虑亲戚朋友、不考虑同事，一切都不考虑，只考虑自己的心，我真的想和这个人进入婚姻，就这样过一辈子吗？

曾一一觉得，无论博士还是海归，都是有些大男子主义的人，他们只考虑自己，还对女性要求诸多。可以预见的是，即使将来结了婚，等待曾一一的也是不会太幸福的生活。

这是我想要的生活吗？做一个男人的大后方，崇拜并鼓励着丈夫，找他拿钱花，仰人鼻息？不是，曾一一很肯定地回答自己。

于是曾一一决定和海归分手。或许是因为经历了两个不想结婚的男人，或许是不够爱，或许是在长久的自我探索中终于决定开始和自己好好相处，但不管怎样，最后曾一一终于变成了一个不想结婚的女人。

从此，曾一一不再仰望和崇拜像博士那样的人，而是自己开始抓紧时间努力学习，学着独立思考，把解决生活中的难题当作对自己的磨炼和奖赏。她也不再痴迷地听像海归那样的人讲游历几大州的经历，也不再期望别人带自己去旅行，而是自己做攻略，自己办签证，自己写邮件 book 酒店，自己预约米其林餐厅，用自己的双脚踏在想踏的土地上。

短短两年，曾一一已经去了十多个国家。曾探访京都的哲学之路，曾被奈良的鹿追着跑，曾踩过曼谷四面佛的鸽子屎，曾随着卡帕多起亚的热气球缓缓上升，曾在弘益大学的酒吧被长腿欧巴搭讪，曾在马来西亚对着大海独饮一瓶啤酒，曾拍下巴黎湛蓝的夜空，曾在开罗感叹过城市的没落……

不断地探索，不断地发现，她逐渐了解了自己真正热爱的事情、想学的东西、想看的世界。她知道自己需要更广阔的视野、更丰富的知识储备和更充足的独处时间，因此她忙着看书、旅游、和自己相处。

曾一一有时候甚至想不通自己30岁前怎么会那么闲——追美剧、看韩剧、和无聊的人聊无聊的天、和根本不喜欢的相亲对象逛无聊的街、盼着不爱自己的男人娶自己回家给他生孩子做家务……曾一一用一句话总结就是：简直是浪费生命。

据说博士又回头找过曾一一，并答应只要曾一一愿意，他们随时可以去领证。但曾一一说暂时不太想结婚——对，和他当初的态度一样，但并不是为了报复。她也并不是心死了，只是觉得爱情终究不是一件强求而来的事情，有时候顺其自然并不是一件坏事。

《唐顿庄园》里有个老小姐，大龄未嫁。女仆替她着急，她说：“我就算不结婚，老了也是个有钱的老姑娘。而你呢，你结婚了，又能怎么样呢？”

我现在认为这个不结婚的女人有一切可能，她也许明天就会遇到一个和自己灵魂相似的人，后天就走入婚姻的殿堂；也许会出国读书获取更多的知识和体验；也许一辈子不结婚……谁知道呢？我只知道，她经济独立精神也独立，和自己相处得非常愉悦，因此不管有没有男人，都会过得十分幸福。

第三念

03 行走在尖锐的碎宝石上

假如命运亏待了你

我的朋友里，最命运多舛的，大概就是杨小漾了吧。

她是我大学同学兼室友。读大学时，同学们都不喜欢她，虽然知道她家境不好，也知道她所有的穷酸和自卑行为都是不得已。但，当一个人的穷酸和自卑演变成怪异和不合群时，是不会讨人喜欢的，即使大家都在心里对她有同情感。

她在学校没有朋友，除了我。这不是因为我的境界比其他同学高，而是因为我那时候心思太单纯，又太文艺，痴迷于金庸和古龙的小说，坚信小时候吃了大苦，得不到爱的人，长大后都会有大际遇。

我的身边，都是像我一样平稳长大的女生，杨小漾的经历太特别了，我坚信她将来必有大出息。我不愿意跟她疏远，我还等着看她的大出息呢。于是，我们就成了朋友，但她是我众多朋友中的一个，而我，是她唯一的朋友。

杨小漾出生时，恰逢计划生育管得最严的时候。她上面有两个姐姐，她妈东躲西藏把她生下来，生完之后立刻被强迫结了扎。只因杨小漾性别为女，似乎就注定了一生坎坷。

杨小漾出生第四天，就被她爸抱出去，跟一家全是男孩的人家交换。换过去不到一年就被退回来，原因是一岁左右的杨小漾发了场高烧，本来会走路，烧完就不会了，本来很爱笑，烧完就不怎么笑了，连哭都很少哭。那家人总怀疑杨小漾是烧坏了脑子，怕家里添个累赘，好说歹说，非要把自家儿子换回去。

杨小漾的爸妈只好自认倒霉。她爸是法盲，一心认为，自己生的孩子，可以随便处置，于是换回来之后好几次都想要结束她的生命，免得家里再多个痴呆儿，给本就贫困的家庭雪上加霜。杨小漾的妈心疼不过，几次拦下来，哀求着说养到三岁，到时候如果真是个痴呆儿的话，就随他处置。杨小漾就这样暂时保住了性命，只是经过她爸的几次折腾之后，本来身体就不太好的她，变得更加虚弱多病了。虽然一岁零八个月的时候，杨小漾再次学会了走路，但整个童年都只能在吃药中度过。

杨小漾跟我感叹说，那家人真是笨啊，不知道婴幼儿生病可能会导致发育退化，本来走路就不稳，发场高烧，身体素质变差，加上发育有些退化，不会走路是正常的。那家人若是没把我还回来，以后享福的就是他们了。

杨小漾的大学读起来并不容易。学费靠贷款，平时除了好好学习拼命拿奖学金以外，还在超市做促销，站在街上发传单，用微薄的报酬来支撑自己的生活开销。她舍不得吃舍不得穿，有时候还把钱寄回家补贴家用。

我跟她说：“咱们毕业之后怎么样还不一定呢，总得有几年的奋斗期，手里留点钱心里踏实。更何况，他们对你并不好……”

我的潜台词是：你也不必对他们掏心掏肺了。

可杨小漾说，他们毕竟送她读了大学，她是家里唯一一个读大学的孩子。

说到她读大学我就来气。杨小漾两三岁时，她的父母辗转打听，又从外省抱了个男孩回来传宗接代。那男孩虽不是亲生，但只因性别为男，待遇比她们姐妹三个要好太多。

杨小漾本就不受待见，这下子更不受待见了。好在她从小就表现出智商和情商上的优势，自学成才，学会了看脸色、撒娇、讨好父母。有时她也会主动帮家里做事，即使年仅三岁，连地都未必能扫干净，但态度总是好的。

因为乖巧懂事又勤快，后来就有好几家没有子女的家庭来打听，想要领养杨小漾。“人以稀为贵”，想领养她的人越来越多，她父母反而舍不得了，就这样一直养在身边。

以杨小漾家的条件来说，即使天资聪颖，也极有可能中途因为各种事情而中断学业，甚至沦为伤仲永。她之所以能读大学，首先要“感谢”她的弟弟，那个抱来的孩子。他生性顽劣，读书读不进去，每次考试都是倒数几名。小学刚毕业，他就赖在家里怎么都不肯上初中。

因为他不行，才给了杨小漾多读几年书的机会。

其次，要感谢杨小漾初中时的一位老师。杨小漾初二时听从父母的意见，跟随邻居们到东莞打工，那老师追到她家里，苦口婆心劝说她父母，说只要让她读书，将来只怕能享她很大的福。那老师还亲自掏钱帮她买了一张返程的车票，这才保住了她的学业。她也争气，中考全县第一。这么好的成绩，她父母看在或许真有可能享大福的份上，就又掏了三年学费供她读了高中。

于是她就一直感恩于父母，想着无论如何都要回报他们。她这样想，也就这样做了。我们才毕业的时候，其实是很苦的，月薪还不到三千，要租房要吃饭，还要买职场上需要的东西。可她每个月都能省下不少钱寄回家里,可想而知她是过着怎样的生活。

杨小漾总是跟我说，在大城市，千把块不值钱，到了乡下就值钱了。家里添置用品，人情往来，全靠这点钱。

我只觉得她不容易，但也不好说什么，每个人都有自己的人生，对自己的选择负责就好了。

上班第二年，我们的工资都涨到了五千，本以为日子会好过一点，却不料，杨小漾本就贫穷而飘摇的家里，突然出事了。她的母亲被查出来得了癌症，还好是早期，医生说有很大的机会治愈，只是要花很多钱。

虽然杨小漾的工资只有几千块，可在家里，她已经算是最能挣钱的一个了。然而她那点工资对于她妈妈的病来说，根本就是杯水车薪，扔进去，连个响儿都没有。

经过一段时间的考虑，杨小漾做了一个很惊人的决定：她要嫁给一个追求她很久的拆二代，以求拿到二十万彩礼钱，救妈妈的命。

那个拆二代我认识，是杨小漾租房房东的邻居，是这个城市拆迁的既得利益者。他的妈妈是个很精明的人，在拆迁正式到来的前三年，用五千块买了一个占地好几亩的废弃厂房。拆迁的时候，他们家得了好几套房和门面，以及大量的拆迁安置费。

拆二代长得挺帅，只上了个中专，没有工作，一家人都以租金和银行利息为生。当然，单就他们家租出去的房子和门面来说，也足够让一家三口过上体面的生活了。

杨小漾每天从拆二代家门口经过，不知怎么的，他就看上了她，寻思着找机会跟她取得联系。

也许是杨小漾曾就读的大学还算有名，也许是杨小漾的谈吐吸引了拆二代，也许是，他看上了她的长相……谁知道呢？没多久，他就开始猛烈追求她，制造偶遇机会，上班时间发短信给她……这一切都让杨小漾不胜其烦。杨小漾把拆二代那庸俗而又肉麻兮兮的短信拿给我看，说，这样的人我怎么可能看得上呢？

我当然知道杨小漾看不上拆二代，因为有一个人住在她心里将近两年了。那是她工作中的同事，我没见过，只知道业绩优良，为人和善，气质高雅。

因为很自卑，怕被拒绝，所以杨小漾始终都按捺着自己的情感，没有向对方表白，只是单纯地暗恋。

一方面，暗恋的人不敢表白，情绪一直压抑着无法释放；另一方面，看不上的人总是纠缠不清。于是工资刚涨，杨小漾就寻思着搬家，想着换个环境，也换种心情。可是哪里知道，偏偏这个时候，她妈妈病倒了。

我一直相信，从小就得不到爱的人，才更缺爱，长大后才会义无反顾把所有的一切都奉献出来，反哺生养她的家庭，只为求得父母的重视。要不然，为什么有那么多从小饱受重男轻女之苦的女孩子，长大后最孝顺呢？杨小漾就是这样，她从小得到的爱最少，母亲病了，她牺牲最大。

为了母亲的医药费，她决定忘记心中的那个人，嫁给拆二代，只要拆二代家里肯拿出二十万的彩礼钱。

拆二代自然是百般乐意，可他那精明的母亲却不愿意。他母亲是苦过来的人，把钱看得比什么都重要，怎么都不愿意出这二十万。另外，她其实打心眼儿里也没看上杨小漾，她嫌杨小漾太穷，配不上她儿子，一心想给儿子找个门当户对的人。

无奈拆二代仍然坚持，后来干脆到中介把自己名下那套房子偷偷挂牌出售，跟杨小漾说，病不等人，房子卖了钱立刻拿医院去。至于他们的婚事，倒也不着急。

杨小漾很感动，更坚定了嫁给他的决心。拆二代的母亲听闻房子挂牌出售的事，气坏了，因为房子急着卖必然卖不上价钱。更何况，当时房地产市场行情非常好，房子肯定还会升值，现在卖就亏了。

不得已，拆二代的母亲同意了他们的婚事，把彩礼钱给了杨小漾。当然，随着彩礼的，是一箩筐的难听话，就忽略不计了。

杨小漾的母亲终于渡过了难关，而杨小漾却面临了她成年以后最艰难的时刻：她不爱她的丈夫，和他相处的每一刻都是煎熬。

杨小漾心里很清楚，他是她的恩人，她不能那么没良心，她得试着喜欢他，再逐步爱上他。可喜欢这种事，从来就不受理智控制，她已经尽力了，但就是没办法对他产生哪怕一丁点的喜欢。

她看不惯他的言行举止，在一起的时候她总是想着逃离。可她还得忍着，忍久了，内分泌就出了问题，月经不调、脸上长痘，整日郁郁寡欢，甚至还出现了幻听。

就在这时候，杨小漾怀孕了，这让她松了口气，心想：若是能给他们家生个儿子，也算是报恩了。杨小漾的母亲出院后，家里平静了一段时间，后来见杨小漾怀孕了，她的父母就变得趾高气扬起来，三番五次到婆家走动，还找杨小漾要钱。

杨小漾的工资都给了他们，但他们却总在说，女儿嫁了有钱人，不该这么抠。她的父母，就像张爱玲《金锁记》里曹七巧的哥哥嫂嫂，把她卖了不说，还试图从她手里抠出更多的钱。

每次杨小漾的父母到城里来，她都会流泪，越了解他们的贪得无厌，心就越冷。也就是这个时候，杨小漾才真正明白，这个世上有的女孩，生下来就是父母眼中的小公主，什么都不必做，就能得到满满的爱。而有的女孩，小时候是父母恨不得甩掉的包袱，长大了，却又成了摇钱树。

可是她没有办法，正是她一次次的无私奉献，才助长了他们的贪婪。

婆婆的白眼和父母的不知足，以及对丈夫的毫无感觉，都让她度日如年。好在，还有一个日日增长的肚子可以祈盼。

婆婆带杨小漾去小诊所做了B超，查出来是个儿子。所有人都很高兴，包括杨小漾。然而似乎是天意弄人，十月怀胎，最后生出来的，是个姑娘。

产房里，婆婆转身就走。杨小漾出院回家之后，婆婆连月子都不愿意伺候，更不愿意帮她带女儿。她们之间的关系，变得越来越差。

没人带孩子，不得已，产假之后，杨小漾只好辞了职，整日待在家里。她已经不考虑度日如年这种事了，养大女儿，是她此时唯一的追求。然而就在她把全部心思都扑在孩子身上时，她那个曾经对她无比热情的丈夫，出轨了。

拆二代并不笨，他并非看不出来杨小漾不爱他。再加上母亲的反复挑唆，他对杨小漾新鲜感缺失，心就跑到了别处。

杨小漾每日待在家中，并不知道丈夫出轨，直到另外一个女人抱着孩子出现在她面前。

那是个男孩。抱着男孩的女人是当地人，婆婆毫不犹豫地选择了她们母子，公然把她们接到家里住。

这个时候，拆二代其实是不愿意离婚的，他想享齐人之福。那个女人和杨小漾都不同意，那个女人想要取代杨小漾，成为堂堂正正的妻子；而杨小漾，觉得这是一个解脱的机会。

几番商讨之后，终于离了婚。男人并不是完全没有良心，他对外宣称，离婚是他提出来的，这样，他就可以以愧疚的名义，把名下的那套房子过户给杨小漾母女俩了。

拆二代的母亲心里是不愿意把房子给杨小漾的。而经历了无数波折的杨小漾，早已不是那个单纯的小女孩了，为了生活，为了女儿，她主动跟婆婆说，既然他们家不喜欢女孩子，那么女儿她自己养，就不找他们要生活费和抚养费了。她只要一套房子，不然母女俩只能流落街头。

杨小漾的父母这时候又来了，坚决反对她离婚，毕竟，她嫁了这么“有钱”的人家，离婚就损失太大了。杨小漾没有理会他们，这是她第一次为自己而活，她为他们考虑了那么久，是时候为自己考虑了。

离婚后，杨小漾迅速把房子卖掉，拿着钱另租了一间小房子，地址谁都没有告诉，除了我。

因为我和杨小漾的关系还不错，那段时间她的父母找过我，跟我打听杨小漾的去处，我自然什么都没说。事后，杨小漾才跟我说，她刚离婚，她的父母就开始惦记她名下的那套房子，她得躲着他们，不然迟早会被他们弄到手。那样，她和女儿就真的走投无路了。

杨小漾躲起来，拿着房款，省吃俭用跟女儿一起生活。我以为她的一生可能也就这样了，平平淡淡，不会再出现大面积的阴影或光明。然而我怎么都没有想到，离婚之后的杨小漾，居然涅槃重生了。

租房带女儿的同时，杨小漾一直在学习，用了一年多的时间，考了美国一所学校的自费研究生。拿到录取通知书没多久，她就带着女儿出国了。

她走那天，我去机场送她。很难得，她穿了一身看起来还不错的衣服，也做了头发化了妆。她的腰背挺直了，眼睛闪闪发光，整个人的气质完全不一样了。我知道，那是因为她终于看到了生活的希望。

到现在为止，她在美国已经一年多了。她把女儿送到幼儿园上学，自己则边学习边打工，倒也达到了收支平衡。她知道手里的钱是死的，花完就没有了，就一直想办法找各种工作。就像当初读大学时一样，多苦多累的活她都肯干，只要能挣到钱，能让女儿过上好的生活。

她也跟我讲过未来的规划，她说她很喜欢美国，不打算再回来了。她会想办法拿绿卡，但她再也不会为了身外之物轻易委屈自己了。

前几天，我和杨小漾视频了一次，简直不敢相信自己的眼睛。她到美国也就一年多的时间，整个人容光焕发，简直是脱胎换骨。中途她接了个电话，流利的英语和眼角眉梢的风情，让人不敢相信，这是个曾经被命运多么亏待的女人啊！

所以啊，当命运亏待了你，不要急于将自己的人生定型，再搏一搏，也许命运并不像你想的那样难以战胜。

放过自己，世界豁然开朗

老公的表弟相亲，姑妈非常重视，非要拉着我们两口子一起去，帮她看看那个姑娘怎么样。

表弟已经相过N次亲了，当然无一例外全都以失败告终。这次的相亲对象是重点大学毕业的，姑妈提前看过照片，长相娟秀，笑容羞涩，据说工作也蛮好的。虽然她的家境与表弟家相比略差了些，但姑妈很满意，直说一看就是个正派人家出来的姑娘，特别希望他们俩能成。

去饭店之前，姑妈就和我们说好，到时候一起吃饭聊天，不要提太多他俩的事。吃完饭根据表弟的眼色决定，我们是先撤，让他俩去看电影，还是找个借口拉表弟一起走。

相亲这种事，在家庭条件和个人条件双方都熟知的情况下，比拼的是第一眼的满意度。这时候，长相、谈吐、气质等因素就很重要了。很显然，表弟对这个相亲对象相当满意，而那姑娘对表弟也并不反感。

姑妈很开心，从饭店出来就跟我们说，这次要是能成，她也算是了却了一桩心事。

我和大熊都没说话，相互看了一眼，笑了笑。多年夫妻早已让我们培养了这样的默契，光看眼神，就知道这件事对方怎么想。是的，大熊和我的想法一样，都认为他俩长不了。只是因为姑妈情绪太高涨，不忍心打击她，才没跟她说实话。

把姑妈送走之后，刚一上车，我八卦心起，说："我打赌他们处不了三个月。"

"不知道什么时候分手，但他们肯定会分手。"大熊说。他觉得性格南辕北辙的两个人，即使一开始相互满意，努力装出一副相互理解的样子，后面还是会吵架，会分手。

然后大熊接着说，女孩太有上进心了，明明各方面条件都不错，却总是对现状不满。而表弟又是一个得过且过的人，所以他才会觉得他们处不久。

我说这只是表象，那个女孩子的内心深处还没学会跟自己和解，还拧巴着，此时的她还没有办法进入爱情。她现在的状态不对，就算不是表弟，换一个人，只怕也不会相处太久。

我们讨论起尚未结束的那场相亲。

相亲吃饭，必然会相互试探。姑妈对女孩的试探是问她想什么时候结婚，对未来有什么样的打算。而女孩的试探是问了表弟两个问题，一是能接受事业心很强的女人吗？二是怎么看待女性未婚生子。

对于姑妈的问题，女孩的回答是，如果感情到了，什么时候结婚都可以。这个答案可以说是无懈可击。而对于未来她有什么打算，女孩的说法是，还没有想太多，现在只想着好好工作，争取能在事业上有一个更大的提升。这个回答看起来也没什么问题，但和她问的两个问题结合起来看，只表明了一件事，她对婚姻和爱情并没有深入思考过，而她对自己的判断是，事业心强的前卫女生。

我和大熊是作为表哥表嫂被拉着一起去吃饭的，看着是参与相亲，说到底就是一对儿打酱油的。主场让给他们表演，为避免无聊，也为了不辜负姑妈的嘱托，我寒暄的时候要了那个女孩的微信，边听他们讲话，边顺手翻看了她之前的朋友圈。

表弟问女孩的兴趣爱好，女孩说，喜欢看电影和旅游。但他们说起最近上映的电影以及去过哪里旅游时，女孩的答案却是，她并不是真正喜欢看电影和旅游，而只是用这两样调剂工作的压力，是为了放松心情。这和表弟完全不同，表弟会看一些冷门片，会深度思考并琢磨故事。表弟旅游，是对远处的风景和人文好奇，而不仅仅只是为了放松心情。总体看来，表弟是一个乐于享受生活的人，这样的人，心思太过于分散，就会显得没那么强烈的上进心。而女孩，却处于鸡血最浓的阶段。这是大熊判断他们性格南辕北辙，只怕长不了的主要证据。

而我在翻看女孩过去的朋友圈时，发现她转发的文章大致分为两类，一类是女孩要很努力，才能过上好的生活；另一类是情感文，要么是很痴情却明显很假的爱情故事，要么是讨伐渣男的文章。而她平时的感慨，要么是抱怨工作累，要么是感叹不知道什么时候才能遇见那个他。

这让我感觉她的内心非常矛盾，一方面，她渴望爱情，另一方面，她并不相信爱情。不知道是受过情伤还是什么原因，在她的内心深处，女人和男人是对立的。她认为，女人在爱情里所有的悲剧都是由于遇见了渣男。她对渣男有多痛恨，防备的心理就有多重。这样的人，是很难遇到好的爱情的，就算遇到了，也会被她搞砸。就像很多女生，未曾走入婚姻时，看帖子或听故事，心里早早树立了“婆媳是天敌”这样的观点。那么，当她遇到准婆婆时，内心通常是恐慌的，防备会让她变得自卑，自卑会衍生出挑剔或过度敏感，什么事情都还没发生，就把准婆婆当成了假想敌。这种想法，会很轻易把婆媳的关系推向对立，而这又恰恰印证了她曾经看过的理论——婆媳是天敌。

正是因为如此，她才很容易被鸡汤文所蛊惑，以为只要努力了就能过上好的生活。

表弟虽然一直没有结婚，但能看得出来，他对自己的人生状态已有足够多的思考。像他这样的人，谈恋爱除了想要获得稳定的感情之外，还想要获得一份长久的默契，以求感情到达一定阶段之后，就能顺利进入婚姻。这些都是这个女孩暂时给不了她的，因为她这一阶段还在跟自己死磕。

我有一个文青朋友，生活极其动荡。她不上班，因为没办法和任何同事相处，甚至还与父母决裂，和男友分手，结婚了离婚。离婚后有一段时间，她的状态极差。她在博客里写，她快要被自己折磨死了，身边有人的时候，她感觉杂乱，渴望独处。独处时却又非常害怕，因为当唯一的敌人是自己时，内心的黑洞足以把她一点点蚕食。

我理解她的那种状态，文字里，她是一个敏锐的人，现实生活中，她的敏锐全部化为剑拔弩张。不了解她的人，认为她所有的结局都是作出来的，作为她的朋友，我却明白，这一切都只是因为她并没有放过自己，多年之后，还一直在跟自己死磕。

人的状态，是封闭还是打开，身边的人是能看出来的。就算看不出来，自己也应该能感知到。一切没有放过自己的人，只源于对生活和自身状态的不满意。而所有的不满意，只来源于对生活没有把握和缺乏爱的能力。

然而这或许就是每个人人生中的必经阶段吧！自卑人人有

之，封闭人人有之，有些人走出来得早，有些人晚。晚的那些人，注定要吃更多的苦。而一旦了悟，愿意放过自己，才会发现，世界豁然开朗。人生何其艰难，放过自己，才是真正地爱自己。

懂得爱自己，悲苦才会被消灭，才有可能拥有幸福的生活。

说出来，生活就简单多了

我妈跟我爸吵架了，跑来跟我住。她的到来让我感到很高兴，当然并不为他们两个吵架而高兴。她没来时，我是妻子、是妈妈、是主妇、是大人、是家里的主心骨。她来了，我又多了一个身份——女儿。做人儿女，无论什么年龄，都可以撒撒娇，耍耍赖，甚至偷偷懒，比做妻子、做妈妈、做主妇，要愉悦得多。

我妈没来时，我和大熊吃完晚饭，会抱着小宁一起在小区里散步。我妈来了，她懒得出门，只想在家看电视，我干脆把小宁也留在家里，和大熊一起出去享受二人世界。一开始只在小区里随便走走，逐渐的，我们找到恋爱时的感觉，于是决定一起跑步。

婚前我和大熊都很爱跑步，有了小宁之后，就很少跑了，重新捡起来竟然感觉完全不同。不知不觉，我们就跑出了小区，跑到了公园，一跑就是个把小时。回来后，我妈看着我们兴奋的表情和红扑扑的脸，直说多运动对身体好。

从此，晚饭后又有了新的习惯，我和大熊去外面跑步，我妈在家照看小宁。

几天之后，我妈又不想待在家里了，晚饭后也想出去走走，我和大熊就不跑步了，跟她一起在小区里散步。她那个人，向来就爱替别人着想，看我们是真心喜欢跑步，之前因为要带孩子不方便，就让我们去跑，说自己一个人带孩子散步没事。

考虑到我们住的小区很安全，于是我们就随她了。谁知道没两天，回来就听她说："不知道怎么回事，这几天小宁晚上一出去就睡觉，回来就醒。"

我说："可能是在家待了几天，突然出去作息改变的原因吧。也有可能是春天来了，晚上小风吹着很舒服的缘故。"

我妈没吱声。第二天晚上，我们刚说一起走走，她就又让我们去跑步，还一直说，小宁睡了她就回家，没事的，她也不是特别想出门，在家看电视也挺好的。她都这样说了，我们就没当回事。就这样又过了几天，有一天我们跑步回来，刚把门打开，就听见她气呼呼地跟小宁说："坏宝宝，出门就睡，回来就醒。"

小宁一脸懵懂，见我们回来了，连忙迈着还不太稳的步子扑了过来。我妈见了，又用抱怨的语气说："真不知道小宁怎么了，一出去就睡，恨死我了。"

我这才意识到事情的严重性，原来，我妈这些天是非常想去散步的，只是因为心疼儿女模式已开启，她就忍着不说，忍了几天之后，心情就变得极度不好。但她又不好意思跟我们说，因为当初希望我们去跑步的也是她。她越想越难受，就把气都撒在孩子身上了。

小宁才那么小，哪里懂什么是好和坏呢？怎么可以因为困了就睡，就被骂“坏宝宝”呢？也未免太冤枉了吧。

我心里虽然有些介意她这样骂孩子，但看在她气冲冲的份上，就什么都没说。

回到房间，大熊跟我说：“明天晚上无论如何都不能让妈一个人带孩子了，她怨气很重。”

我一听就明白了，我妈骂小宁“坏宝宝”，被一向号称心胸宽广的大熊听到心里去了。作为亲爹，大熊很介意别人骂小宁“坏宝宝”，别说我妈了，就算是他妈，这样骂小宁，他也会介意的。

我有些生气，但也很无奈，因为她这种心里有想法，嘴上永远不沟通的性格由来已久。

这种性格特别不好，有想法不说，总让人猜，可谁又能猜得到呢？大家都那么忙，哪有心思和时间猜来猜去的。

她生气不说，只放在心里。积累到一定的程度才会爆发，爆发出来，后果就很严重了。所以她经常大吵大闹，而大家都不知道其中的原因，就会觉得莫名其妙。

就拿这次她和我爸吵架来说，她感冒了一个多星期，身体绵软四肢乏力，心里很想让我爸做饭，可她就是不说。她以为我爸能体谅她，哪里知道，病在她身上，她坚持要做饭，我爸就以为她不太严重。等她病好了，找碴儿跟我爸大吵了一架，干脆“抛弃”丈夫，投奔女儿来了。

我可以想象生病那一周她的内心戏是有多激烈，只可惜，内心戏永远是内心戏，她不说，苦的就是她自己。同样的道理，她明明很想散步，却因为心疼我们，坚持自己带孩子，最后把自己弄得很生气。

我心里面想：还好是在我家，碍于大熊女婿的身份，不好随便发火，只能把气撒在小宁身上。若只对着我，只怕就吵出来了。

真是拿她一点办法都没有。我和大熊都是很好相处的人，晚上跑步也根本就是一件无所谓的事情。就算是更想跑步，只要她肯说出来，我们作为小宁的父母，也会选择留下来照顾小宁。

我知道我妈是什么性格，所以心里也就不会感到那么委屈。但这么多年以来，我其实挺替我爸委屈的，虽然他确实懒了点儿，不识眼色了点，但他每次挨骂真的都很莫名其妙。

我也挺同情我妈的，她之所以把自己的人生弄得这么不愉快，何尝不是因为心里有需求而没有提前沟通呢？

像我妈这样的人，这世上还有很多。比如那些男朋友问吃什么，心里明明很想吃火锅，嘴上永远只有“随便”两个字的女孩；那些明明觉得领导安排的工作不合理，却始终没有说出来的职场人；那些明明困得要死，闺蜜一声召唤，就打着哈欠逛街唱 K 的好朋友……他们人生中的大部分 hard 模式，只怕就是因为有需求不肯说吧！

把自己的需求说出来是有多难呢？比生闷气和吵架还难吗？果姐曾说过，这世上有什么事情是不能摊开放在桌面上说的呢？更何况是自己的需求这种小事情。

永远不会说“我想”和“我要”的人，人生变得越来越艰难，也是活该啊！

戾气都从哪里来？

远房表姐结婚，蜜月中的一站在杭州，我和大熊请他们吃饭。

因为住得太远，也不是特别重要的亲戚，她们的婚礼我们没有专门赶回去参加，因此，这是第一次和表姐夫见面。

小时候我和表姐的感情很好，长大后，因为学习工作生活都不在一个地方，三五年才见一次面，逐渐就生疏了。但也还好，说起儿时的糗事，我们还是会笑作一团。

表姐年轻的时候比较挑，眼看着年过三十，就有些慌了，找了个经济条件不如他的男人。之前在电话里，我妈还说，表姑对表姐夫不太满意，心里一直不痛快。然而这次见面，我看表姐夫仪表堂堂，言语温和，就对他颇有好感，心里忍不住鄙视表姑太过于看重一个人的经济条件。却不料，吃饭时发生了一件事，让我改变了这种看法。

他们第一次来杭州，我和大熊很重视，饭店订的是西湖边一家还不错的餐馆。饭后，表姐想吃冰激凌，就点了一个。但是她刚吃了两口，就吃不下了。表姐不想吃，浪费了又太可惜，就让表姐夫帮他吃掉。表姐夫不愿意，表姐就多说了两句。她言笑晏晏，像是撒娇。我和大熊看着他们新婚燕尔，觉得很好玩，也就没劝阻。哪里知道，表姐不过刚说了两句，表姐夫就突然暴跳如雷骂表姐：“吃不下你还点，表妹家的钱就不是钱吗？你这样浪费对吗？这冰激凌多少钱你又不是不知道，不吃你会死吗……”

当时气氛就变了，一下子就从晴空万里变成了风雨欲来。我和大熊连忙劝表姐夫，说没有关系，让他不要生气。可他那一刻像是中了邪一般，龇牙咧嘴地把表姐骂了好几分钟，直到把表姐骂哭为止。

表姐哭了他才住嘴。我们送他们回宾馆的路上，我从后视镜里看他俩，一个垂着头暗暗抹泪，另一个偏着头看窗外的风景，一副仍在生气的表情。我估计他们回去之后还会吵架，真是不知道该说什么好。

大熊在开车，我感觉特别尴尬，就又劝说了两句不痛不痒的话，见他们没反应，只好算了。

晚上我妈打电话给我，说起表姐和表姐夫，我问我妈，他是不是很爱发脾气？

我妈说感觉是的。婚礼的时候，司仪开了个玩笑，他看人多倒是没发火，只是之后就一直板着脸。司仪觉得很没趣，后面的流程也就匆匆忙忙地走完了。

我很替表姐担心，我无法想象他们婚后的生活会是什么样的。表姐夫这个人，戾气太重，新婚燕尔，一点小事就发火，婚后麻烦事情不断，岂不是事事都要发火？身为他的妻子，每天都要承受那么多的怒气，久而久之，要么变成一个畏畏缩缩的人，要么和他对吵，变成一个暴脾气。家里时时都有火药味，这样的婚姻很难维持下去。

我忍不住心想：表姐也是太心急了。找对象，条件差点没关系，千万不能戾气太重，不然那简直就是万丈深渊啊！

我也曾经接触过不少戾气重的人。

我才毕业那年，去公司上班，有个大姐戾气很重，仗着自己是老人，动不动就责骂我们这些新人。有一次工作特别忙，我打印完之后就直接走了，没往打印机里装纸。等她去打印的时候，打到一半没纸了。她指着我就开始骂，我都哭了她还继续骂。还有一次，一个男生请大家喝水，问都喜欢喝什么，她要了冰红茶。但是他记错了，记成了绿茶。没想到她上来就开骂，还上纲上线，说什么连这点小事都会弄错，可见工作态度是什么样的。

那个男生请大家喝东西，明明是一片好心，却遭此责骂，委屈得差点辞职。

我们几个新人聊天，有一个人说，每天来上班，只要一想到一整天都会看见她那张脸，心里就感到无比烦躁，顿时就不想来了。这句话大家纷纷表示赞同。

她不光对我们凶，对家人也是如此。有一次我加班，听见她给她老公打电话，让老公辅导孩子做作业，后来不知道怎么回事，就演变成了她对她老公的“训斥大会”。她骂她老公那语气，跟骂我们没什么差别。我当时就想，她老公真是有勇气。我们作为同事，忍受几个小时也就罢了，而他要忍受她一辈子，想想就觉得恐怖。

后来我离开了那家公司，没几年，就听说她老公得了癌症，才四十出头的年纪。我们私底下都说，只怕是被她气的。

我有时候就在想，为什么有的人戾气那么重呢？真像中医里所说，是肝火郁积吗？我觉得这只是其中的一个原因，否则，每个人都去吃中药，世界和平几千年前不就能实现了吗？

我分析了下，戾气重，大概有下面的几点原因。

一是生活中被碾压的痕迹太重，不得不到别的地方找场子。

戾气重的人，通常情商不高。情商不高的表现形式就是不会说话，不会办事。这样的人，生活和工作中受的夹板气太多，需要发泄。可他们不能把火发泄在比他们强势的人身上，他们承担不起后果，于是就只能找弱势群体的麻烦。比如说之前那个大姐，见到总监和老板，极尽谄媚，只可惜因为能力太差，领导们对她并不是太关注。她升职加薪无望，日日在单位苦熬，还常常受气，也就只能欺负欺负新人了。

而网上有些动不动跑到别人的地盘留言，说各种难听话的人，现实生活中可能连那个大姐都不如。大姐好歹还有老公、孩子、新同事可以骂一骂，而那些人，只能在网上发泄发泄了。

二是从小缺爱，造成性格有重大缺陷。

我有一个同学的父亲，脾气坏，戾气重，总是因为一点小事就生气，骂老婆、骂子女。她小时候忍受不了，常常劝她母亲离婚。她母亲是个特别善良的人，总是跟她说，如果我们不管他，这世上就没有人管他了。

同学小时候不太理解母亲的话，长大之后才知道，可怕的人某种程度上是最可悲的。她奶奶在父亲很小的时候就过世了，父亲一直和继母一起生活，继母自己有孩子，对他并不好。他小时候有多孤独，长大了就有多孤僻。

三是从小缺钱，生平受尽白眼。

就像表姐夫，工作挺好的，只是原生家庭穷了些。身为八零后，同班同学每天都有水果零食吃，而他小的时候，却经常连饭都吃不上。整个读书生涯，都因为无法按时缴纳学费、书本费等各种费用而受尽同学的白眼。偏偏他还是个很好强的人，有着异常敏感的自尊心。但凡别人任何一句话不对，到他这里就成了天大的羞辱，非要报复回来。即使不能报复，也得给对方脸色看，比如说婚礼上司仪无意间的玩笑话，就触碰到了他那脆弱的自尊心。

张爱玲说，因为了解，所以慈悲。看一些文学作品，看到那些戾气特别重的人，会忍不住同情他们。而生活中那些戾气重的人，在不了解其背景的情况下，只会让人觉得讨厌。若他的戾气之火点燃了我们，就更会气不打一处来，跟着就变得心情糟糕或脾气暴躁了。

那么，戾气重这种事，还能改吗？我个人认为是可以的。之所以脾气大，要么是性格的棱角还未被生活磨平，要么是还没遇到能降服他的人。

生而为人，都天生自带戾气而来，若不能控制，人和猴子又有什么区别？又何以成为高等动物呢？一个人过了十八岁，就可以对自己的行为负全部责任了。过了二十五岁，就该有足够的能力抵御原生家庭或儿时经历对性格造成的影响了。

脾气大，戾气重，这是自己的事情，不该让身边的人为之买单。为了自己生活的便利，我一向的原则是，遇到戾气重的人，尽量远离他，免得给自己的生活添堵。若他不知好歹，狠狠给他一个教训，将来他惹不惹别人不敢说，但起码不敢再惹你了。

还没老去，你到底忧愁什么？

旅行时认识一姑娘，二十出头，很漂亮，却整天愁眉苦脸。

无法交谈，因为只要一张口，她就恨不得把所有的苦水都倒给我，觉得比我年轻几岁，就不停地问，这该怎么办那该怎么办。

能有什么事儿呢？不外乎两点——爱情不顺，工作也不顺。

她有一个相处一年多的恋人，她很喜欢他，可她的家人不同意，嫌他条件不好，买不起房买不起车，不能给她带来好的生活。而她家条件也很一般，陪嫁不起房子，她自己也没能力在那个城市买一套房子。本来都想结婚了，可因为这个问题解决不了，婚事就这么一直拖着。前一阵子，她家里给她介绍了一个对象，条件非常好，可惜她不喜欢。她很纠结，不知道该怎么做。

工作上，倒也不能说不顺。上班两年，她的工资水平在同学里不算拔尖，但也不会垫底。挣的钱够花，还略有盈余，偶尔出去旅个游也不成问题。不过这都是在不考虑房价的前提下，一旦工资和房价挂钩，就分分钟想跳槽。

姑娘问我，迟迟姐，你说我该选爱情还是选面包呢？迟迟姐，你说我换什么行业合适呢？突然转行，只怕工资还不如现在，再去学习，有心无力。我每天都感觉好累，回家就想躺着，追追剧看看小说，拿起英语书就烦……

看着她紧皱的眉头，和被现实打压出来的一脸愁苦，我也觉得她好累，不由得想起了我二十多岁时的生活。彼时，我也才毕业没多久，工作上刚刚起步，没有存款，租房子住。虽然我的恋情并没有受到家里的阻挠，但那时候年轻气盛，和大熊的感情生活总是动荡不安。

那时候我工作能力不强，在公司只能做些日常琐事，还经常被领导批评。大办公室，格子间密密麻麻，站起来看见的全是长头发、短头发、没头发的脑袋，再仔细看，每一张脸都有一模一样的表情——麻木。

希望脱离这样的环境，如果能有间独立的办公室就好了。可独立的办公室，只有总监以上的职位才能享有。

希望有辆车，这样就不必挤像沙丁鱼罐头般的地铁了。

还希望有更多的钱，可以买喜欢的那双高跟鞋，以及老员工们人手一个，我却怎么都买不起的LV的包。

更希望，能像认识的几个姐姐一样，每年都能出国旅游一次。欧美去不起，东南亚走走也是好的呀！

异常苦闷。整天都在琢磨，我什么时候能有钱呢？像现在这样上班，领一点点工资，什么时候是个头呢？虽然我当时发愁的事情和那姑娘不一样，但总的来说，其实并没有多大区别。不过就是，能力尚不足以匹配欲望，而需求又太过于强烈。

就是因为这些欲望，我做了很多蠢事。我为了多挣点儿钱，周末跑去市场批发了一大堆小玩具，在地铁口售卖。寒风猎猎，不但没卖出几个，还被城管追得到处跑。到处打听商机，却认识了一个骗子，被骗走好几千块钱。骑驴找马，凡有高薪的职位招聘，就投简历，最后不仅没找到工作，还被上司知道，穿了差不多一年的小鞋……

其实，那个时候我也不算太穷。工资虽然不高，但生活足够了，还有男朋友适时补贴一些。可我还是为了心中的欲望，放着大好的周末不去约会，跑到大街上吹风受罪。

大熊比我早上班几年，论能力，他在同龄人中勉强算得上是佼佼者。可我还是不满足，有时候脑子里会突然蹦出一个念头，为什么他就不是富二代呢？如果他是个富二代该有多好啊！我从来都没想过，富二代会看上我吗？就算看上我，我能看上他吗？

我虽心有不甘，但潜意识里还是认为大熊虽不是富二代，但配我足够了。因为爱情，我们最终走进了婚姻的殿堂。

我不得不承认的是，我其实是个心气儿很高的人。可一朝怀孕，就被打回现实。孕吐厉害到整日卧床，只能靠打点滴维持基本营养的地步。辞职是为了保胎，也是不得已。生完孩子之后，一个人带，做几乎所有的家务。看着闺蜜小萤事业越做越好，心生羡慕。可又有什么办法呢？我去上班，谁来帮我带孩子？

就这样一日日被生活磨着，逐渐磨得面目模糊。

有一天和小萤聊天，说起彼此的生活，我才发现，我羡慕她事业越来越好，而她，也羡慕我家庭和睦。突然明白了，其实一个人能做好一件事就已经很难得了，最怕鱼和熊掌都想要，最终捡不到西瓜也丢了芝麻。

这几年我认识了很多年轻姑娘，她们大都正处于婚嫁年龄，总是会有各种各样的烦恼，各种各样的纠结。自从开始写文章，认识一些读者之后，更是跟同龄人接触越来越多。很多姑娘跟我说，想爱情和事业兼得。我说，这个可以有。又有很多姑娘跟我说，想事业和家庭兼顾。我也说，这个可以有。

然而，我们再怎么努力，也只能做一个活得相对比较体面的普通人。作为一个普通人，只能按部就班，做自己年龄该做的事情，积累属于自己这个年龄段的财富。想要在二十出头的年龄，就能像三四十岁的人一样，做高管拿高薪，有房有车欧美游，这不是痴心妄想是什么呢？

上帝不会亏待踏实生活的人，从来都不。不贪心，才总有惊喜。要得多，失望就越多。

这道理多么简单，我年轻的时候却不懂。用了很多年，走了很多弯路才明白。

所以现在，我并不抱怨家庭主妇的身份耽误了我职场的发展。就算为了孩子在家里蹲几年，等她长大些，我再出去工作，依然可以在职场上一展身手。而那时和现在，最大的不同就是，我心态变好了，对人对事更有耐心，愿意在某一项技能上投入大量的时间和精力，即使没有达到预期的效果也没关系。

我不再追求虚无缥缈的东西，不再奢望什么都能得到。反而能脚踏实地，过好每一天。因为潜意识里知道我要的并不算多，够一够就能够着，心情自然而然也就放松了。心情放松最大的好处是，肯停下来看一朵正在盛开的花，观一片正在变幻的云。

曾蚕食心灵的焦虑被抛下，就不会愁眉不展。活在当下，才能在有目标的基础上，足够自律。知道我所求，岁月都会给我，就拥有了使自己变得年轻的能力——一种好的心态。

最后，我跟那姑娘说，年轻时没有钱，不是什么大事儿，积累到一定阶段就可以了。想要高薪，也不是什么大事儿，努力到一定阶段，也就有了。而关于爱情，就听从自己的内心吧。

我知道一切都会变好，而在这个过程中，我们只需要静静等待，以及享受当下。

苦情派励志大师

看一个知名的服装设计师写的随笔集，她写生活、情感、孩子和旅游。写到曾经为了一个不爱她的男人单肩背包走天涯。他一次次伤害她，她一次次回头。那些深夜的哭泣和欲罢不能的情感让她辗转反侧，抽烟喝酒，身体暴瘦。

感情无望时，遇到现在的丈夫。彼时，她还陷于上一段苦恋中无法自拔，并没有给予他太多的关注。他像包容女儿一样包容她，解救她于情感的水深火热之中。她的感恩最终演化成爱情，后来又成了不离不弃的亲情。

他们在一起之后，她把他发给自己的短信和邮件用本子摘抄下来，每次看，每次都泪流满面。一直到现在，结婚六七年了，那些短信和邮件依然保存着，时时翻阅。

她写她的孩子。孩子出生之后，她正陷于创业的忙乱之中，不得不把孩子托付给长辈。待她想要和孩子亲近时，孩子却不肯要她，只朝爷爷怀里扑。她为了重获孩子的心，采取了很多方法。

比如把大部分的工作都推到他睡熟之后再做；经常带他长途旅行，制造单独和他相处的机会；晚上无论有多忙，孩子睡觉前一个小时总要空出来，帮他洗澡，陪他做游戏，唱着儿歌哄他睡……终于，当孩子躺在床上，抱着她的脖子说“妈妈，这世上我最爱你”的时候，她喜极而泣。

她是一个特别柔软的人。跟爱人在一起时，她只是个小女人。和孩子在一起时，她只是个妈妈。没有谁会在意她事业上取得的成就，就连她自己，好像也没有那么在意。

当然也曾吃了很多苦。彼时，有一份银行里的稳定工作，而她却选择了半路出家学设计。所以只好白天上班，夜里坐在电脑前学软件，学制版，一坐就是一个通宵。没辞职就开始创业，一开始作品没有那么多，为了支撑店铺需要的款式，每个周末都泡在批发市场，看货、选货、进货。

衣服拿回来，不直接卖，而是在小小的缝纫机上，把自己不满意的细节一点点改掉，再拍照、修图、上传……晚上下班，到家之后第一件事不是吃饭，而是回复客户问题，手写快递单，一忙忙到深夜，常常饿到胃疼。

创业的路上，别人有多苦，她就有多苦。甚至可能还要更苦一些，因为她不是科班出身，而且还没辞职。后来，店铺越做越好，积累了一大批粉丝，她才终于辞掉了稳定的工作，把所有精力都放在自己的事业上。

而这些，在自己的书里，她只用了简单的语言来描述，没有任何苦大仇深的情绪在里面。她没有写事业与工作、家庭不能兼得时的困顿，也没写遇到困难时的挣扎。只一句“这是我喜欢做的事啊”就把坚持说得理所当然。

我得承认，看了她的文章，我很喜欢她。并不是多喜欢她的文笔，而是喜欢她对待感情时表现出来的女性特有的柔软，以及对事业成功及付出时的不在意。

多年前有一部电影叫《穿 Prada 的女王》，里面讲了两种三观对立的人生状态。一个是时尚界的女魔头，为了事业，牺牲了家庭和天伦之乐。离婚后扑在床上大声哭泣，第二天早上醒来，对着镜子摆出笑脸，打扮妖艳，到了公司照样虐得后辈找不着北。另一个是才入行的小编辑，颇有天分，朝着女魔头的路上一直奔走，却因为忙于工作忽略了感情。故事的结局是，小编辑甩掉名牌，甩掉让人艳羡的工作，回到了小男友的身边。

看电影的时候我还没有结婚。心里就一直在想：这世上，真的是事业和家庭不能兼得吗？两样都要就太贪心了吗？我得承认，每个人的时间都有限，很多时候，得了这样，那一样可能就无法兼顾。于是那些事业上取得了成功，却错失了家庭幸福的人，就变成了苦情派的励志大师。人们看着他们的故事，心想：啊，别看他那么成功，也是付出了代价的。于是，大家就获得了短暂的心理平衡。而那些为了家庭放弃事业的女孩子们呢，在老公孩子面前也有了借口：如果不是为了你们，我现在就怎样怎样——就好像，没有了他们，真的会多了不起一样。

结了婚之后我才发现，不，不是的。所有的一切都是自己选择的，心甘情愿，并无任何人逼迫。那么，因为这个选择，失去一些东西，这难道不是应该的吗？

我选择回归家庭，就要面对没有事业的遗憾以及别人看待家庭主妇时异样的眼光。

即使我这辈子事业无成，那也是我能力有问题，而不是“我的孩子或者我的丈夫耽误了我”。我永远都不会跟我的女儿说：“要不是你，我怎样怎样……”反而我会永怀谦卑之心待她，因为我把她带到这世上，并没有跟她商量过。在心理上，我需要她，远大于她需要我。

我热爱写作，但我以前从事的行业和写作并无多大关系。当我决定写作的时候，正是小宁最需要我的时候。独自一个人带孩子有多艰难，有多忙乱，带过孩子的人都知道。她只要醒着，时时刻刻都需要我，陪她的时候，我不玩手机，不拿书本，甚至连家务都不做，只为了专心专意陪她玩。那么，我就只能牺牲睡眠时间来写作了。

写作之路，如独自一人徒步翻山越岭，让人劳累，而又倍感孤独。有时候憋几个小时都写不出东西来，好不容易写出来了却不被认可，甚至被鄙视和谩骂……这些都是常有的事，会严重影响心情，却依然只是小事。最艰难之处在于，每一个写作者，隔一段时间，都会自我怀疑、自我否定。这时候，恨不得再次逃到生活里去，用大熊曾经劝慰我的话劝自己：何必要把自己搞那么累呢？反正做这个，也挣不了多少钱。

不不不，他不明白，写作是我疲惫生活中的英雄梦想，是眼前苟且之外的诗和远方。

然而这些话，我会时时挂在嘴边，跟人说吗？不会，我永远也不会成为苦情派励志大师。且不说尚未因此功成名就，就算有一天，写作回报我的远超我的诉求，我也不会把这些辗转的心思、困难背后的坚持到处去讲。

所有的付出都是我甘之如饴，路也是我自己在走。崎岖也好，顺畅也罢，在选择它的时候，我就明白了，这都是必经之过程。

别说你运气不好

你相信运气吗？我是相信的。

一个人运气好的时候，仿佛做什么都顺，逢山有路，遇水有桥，事业、金钱、家庭样样顺利。

一个人运气不好，虽不至于像某些无良算命先生说的那样“我看你印堂发黑，近日恐有血光之灾”，但确实是做什么都不顺。出门跟人吵架，开个小店都能赔得找不着北。

我的同学熊小姐，就是一个运气特别不好的人。

刚上高中那年，被无良庸医坑害，注射了太多激素，时时刻刻觉得饿，怎么吃都吃不饱，以至于在十八岁的年纪就长到了一百六十斤。此后多年，以每年十多斤的重量匀速增长着。大学毕业时，体重接近二百二十斤。

当前社会，以瘦为美，一个身高和别人一样，体重比别人两倍还多的女孩子，可以想象，生活得有多艰难。读书时，基本没有人愿意和她同桌，因为她体积太大，太占位置，请她让让，她就得到走廊上去。老师也很少叫她起来回答问题，她起来一次，前后排的桌椅都得地动山摇。

女生们跟她说话，要么恶声恶气，要么小心翼翼。恶声恶气的人，心里面认为胖子比较迟钝，被欺负也只好忍着。小心翼翼的人，总觉得长那么胖，肯定有心理疾病，怕她哪天突然爆发。

无论哪种态度，说到底，都是歧视。对胖子的歧视。

男生跟她说话倒是大都带着笑脸，但几乎没有人主动跟她说话。必须要跟她说话了，就快速说完快速离开。若遇上她主动问问题，他们倒是能“热心”回复两句，但绝不说多。

胖子都有一颗敏感的心，于是熊小姐很自卑。逐渐地，她跟人说话不敢看对方眼睛，稍有不对立刻退缩到安全地带，久而久之，她变成了一个畏畏缩缩的胖子。像这样的胖子，别说男朋友了，朋友都很难交到。

我和她做同学期间，和她打交道特别少，对她倒没有歧视，就觉得她很奇怪。毕业很多年之后，有一次我出差路过她所在的城市，才有了联系。

仔细想来，熊小姐运气不好，好像就是从身体变胖开始的。她初中时学习成绩还挺好的，高一也还不错，一直是班上前几名。变胖后，她的成绩就一直下滑，大学只考了本地一个大专。浑浑噩噩毕业之后，家里动用了所有关系，帮她找了一份所谓的“稳定工作”——在街道办做一份盖章登记类的工作。

工作相对比较清闲，没事就喝喝茶看看报纸吃吃零食。熊小姐不爱喝茶，除非是奶茶。零食倒是从来不断，没办法，胖子总会比一般人更容易感到饥饿。

熊小姐吃住都在家里，工资虽不算多，但买零食还是够的。期间，家里给她介绍了很多个对象，没一个能成，都见光死了。

后来，熊小姐就不愿意再参与任何单方面受虐式的相亲了，宁可躺在家里吃着薯片看国产电视剧。熊小姐的父母对她越来越失望，由一开始的隐忍，变成了后来的怒吼。熊小姐并没有资本离开父母独自居住，她得靠他们提供吃和住。面对父母的责骂，熊小姐只好含着眼泪，把活动范围再次缩小。她一回家就钻回房间，吃饭上厕所时才出来。吃饭避免不了和父母见面，听他们唠叨，那就快速吃完，然后赶紧回屋。想上厕所，听见父母回房间了，立刻一溜烟儿跑出来，解决完之后立刻扭动着肥胖的屁股，逃跑似的回到卧室。

就连熊小姐的父母都觉得，她的一生就会在这样越来越胖、越来越宅中度过。

二十六岁那年，熊小姐因为长期暴饮暴食，得了急性阑尾炎。去医院做手术，医生说照她这样继续肥胖下去，什么高血压、糖尿病等各种各样的疾病都会来找她。医生还说他之前认识一个病人，不到四十岁就走了，就是因为太胖。

这下把熊小姐给吓坏了，连忙问医生抽脂行不行，医生叹口气摇摇头，说，胖成她这样，除了节食和锻炼，没有其他任何方法。

阑尾炎手术之后，熊小姐就回家了。一开始心里还很害怕，没几天就把医生的话抛之脑后，又暴饮暴食起来。唉，谁让饥饿是刚需呢！

没多久，熊小姐身体又不适了。那个医生是乌鸦嘴，被他说中了，熊小姐得了糖尿病，还挺严重的，任何含糖分的东西都不能吃了，此后一生将在吃药中度过。

那段日子，我刚好路过熊小姐所在的城市，顺便去看望她。说起生病的事，她的父母直掉眼泪，感叹她命太苦了，运气太差了，老天爷从来都没有眷顾过她。

我知道，熊小姐今天的遭遇都与曾经注射过量激素有关，所以也不由得跟着他们一起感叹，她真是运气太差了。

感叹完我就走了，回到家一想起这件事，心里就非常难受。但没办法，那是她的人生，我也无能为力。然而我根本没想到，熊小姐会主动打电话给我。

熊小姐问我，有什么止饿的方法吗？那时候我还没结婚，刚毕业独自一人居住。单身女人，若是年轻一点，就算会做饭，通常也不喜欢做饭。我以自己并不多的经验告诉她，第一是家里不备零食，第二就是懒。我个人觉得懒是最止饿的方法。比如说，周末我在看电视，家里没零食，也没食材，想到吃东西还得下楼去买，就忍着，实在忍不了了才去。就这样饥一顿饱一顿，很难有长肉的机会。

那个时候，我自己就是这样做的，并没有考虑到胃病的问题。挂掉电话之后，突然觉得不太对——她是因为激素问题，才吃很多东西，一旦节食，会不会对身体产生什么不良影响？

本想再打个电话回去问问，但是想想还是算了，她自己应该心里有数。

之后很久没有和熊小姐联系，毕竟我们也不算什么好朋友，和她也没多少共同话题。就这样又过了几个月，有一次，我看到她 QQ 头像亮着，忍不住点开看了一眼，只见签名上写着：两百斤了，争取五月底到一百八十斤。

我看了下时间，离五月底还有四十多天，四十多天瘦二十斤，这样减，身体能承受吗？

我忍不住给她打了个电话，问减肥会不会影响身体，以及，她是怎样减下来的……

熊小姐说，就节食加运动呗！一日三餐照常吃，零食不吃了，每天步行上下楼五趟。

熊小姐家住八楼，算下来，五趟的运动量，对她的体能来说，只怕已是极限了吧！

熊小姐之前嚷嚷了很多次减肥，但一次都没有坚持下来。她总是以各种各样的借口中途停下来,继续做一个心安理得的胖子。

这一次，看样子她是下定决心了的。知道正常减肥对身体并无坏的影响，我也就放心了。特别想看看她能坚持多久，于是我就对她密切关注起来。

减过肥的人都知道，减肥这种事，总会有一个瓶颈期。才开始减的时候效果比较好，到了一定的阶段，可能就没有效果了，有的甚至会反弹。

熊小姐一开始减得比较猛，到一百五十斤的时候，就卡住了。

长达五个月的时间，体重反反复复，这周掉两斤，下周又上来两斤。因为持续减肥，这段时间她连续感冒了好几次。这都是身体给她带来的负面信号。

我劝她悠着点儿，不要再减了，保持住就好了，毕竟跟最初相比，已经减掉七八十斤了。她却不肯，直言看到了减肥的好处，就再也停不下来了。她不允许自己仍然以一个胖子的姿态生存在这个世界上。

我见劝她不住，也就不说什么了。本来我还担心，她继续减下去会对身体产生不好的影响。哪里知道，她及时变换了减肥方法，把有限的薪水贡献给了专业的健身教练，在教练的指导下，科学减肥。

大半年过去了，她的体重稳定在一百二十斤左右：现在她的目标是——三个月之内到一百一十斤。

距离她减肥到现在，已经有差不多两年时间了。我以为她坚持不了多久，遇到困难时，很有可能就放弃了。然而令我万万没想到的是，最终她还是坚持下来了。

她经常在朋友圈里晒照片，对比这两年的身体状态，几乎每隔一段时间都有变化。看她胖的时候，就像大部分两百多斤的胖子一样，只剩下胖了。瘦了之后，眼睛显得大了、鼻子显得挺了、下巴显得尖了、腰也逐渐显形，看起来还真是很不错。

前几天，她给我打电话的时候说，旅行时认识了一个男的，主动跟她搭讪，还说喜欢她这样微胖的姑娘。她心里没谱，不敢接受，总觉得这样油腔滑调的男人不太靠得住。

听着她那忐忑的语气，感受到她渴望爱情却又不敢接受的矛盾心理，我突然就湿了眼眶。这是一个曾经令所有相亲的男人都躲着的姑娘啊！现在，居然有人主动跟她搭讪和表白，真是太不容易了。

我跟她说，既然还在犹豫，就等一等好了。当你变得更好，就会有更优秀更靠谱的男人来匹配你。

她笑说，她也是这样想的。

我问她还有什么计划。她说，除了想遇到一份靠谱的爱情之外，还想感受一下穿 M 号的衣服是什么滋味。

我笑着对她说，放心，再过一段时间，她不仅能穿M号的衣服，说不定连 S 号的也能轻松穿进去！

她也笑，感谢我一直以来对她的鼓励。又说，她发现自从变瘦之后，随之而来的是运气也越来越好。身体好了，爸妈也不责骂了，朋友也多了，居然还有男人主动跟她搭讪了。变瘦之后，精神和体力也都变得特别好，以前就喜欢窝在房间里抱着电脑吃着零食追剧，现在居然有了学习的想法，想学一段时间的英语，不知道能不能行。

我问她，你是为了什么学习英语呢?

她说，倒也没有什么特别的目的，就是想着，胖了那么多年，无心学习，现在瘦了，总得把以前的课补起来，一点点补，从英语开始。

她停了一下，接着说，以前我总以为是我运气不好，现在才明白，是我还没有尽力。当全身心投入一件事情的时候，没有任何诅咒是不能被打破的，包括激素作用下的肥胖。困扰我长达十多年的一百多斤重的肥肉，都让我减下来了，这世上还有什么事情我做不到呢?我读书时，英语并不好，我就想试试，英语不好这个诅咒我能不能打破。

怎么可能打不破呢?用尽全力做一件事，老天都会给你让路。这世上哪儿有那么多运气不好呢，大部分运气不好的人，大概也就是没有用尽全力吧!

学会战胜孤独

据说，现代人最容易得的三大精神疾病是：害怕一个人吃饭、拖延症、晚睡症。其中，害怕一个人吃饭居首位。

其实，如果有人陪，谁愿意一个人吃饭呢？菜点多了，吃不完。点少了，可选择余地太小。如果遇见好几个菜都想吃的时候，就更为难了，立刻就得体会鱼与熊掌不可兼得的痛苦。

可是有很多人，常年一个人吃饭。

一个人吃饭代表了什么呢？孤独。

孤独是水里有很多鱼，你却只有你自己。

孤独是，无论多晚回家，等待自己的，不是一盏明灯，而是一把寂寞的锁。

孤独是，好不容易闲下来，打算秀一下手艺，做了好几个菜，摆弄半天拍照发朋友圈。拍完准备坐下来开吃，却发现周围异常安静，只有肚子的咕咕声，明明很饿却立刻就没有了胃口。

这些话是谁跟我说的呢？是我那个才情绝艳，却单身了很多年的朋友 S 小姐。

S 小姐少年时堪称天才，连连跳级。16 岁读大学，21 岁研究生毕业回国。因为总是比同龄人快一步，导致她的同学总是比她年龄大。

她几乎没有什么朋友，仅有的几个，也都是网络上认识的，比如说我。

她学金融，回国之后，进了投行，没几年就买了房子和车。房子装修得很漂亮，却显得空荡荡的。平时上班倒还好，到了周末，一个人在家，晚上太阳下山，华灯初上，屋子里即使开了灯，也总感觉慌乱不安。那种滋味，叫呼吸可闻，亦叫孤独。

我曾经问过 S 小姐，为什么不谈恋爱，哪怕试着和某个人交往也可以，总比恋爱经验为零要好。S 小姐说，世界这么大，她却没办法找到爱的人。同龄的要么还在读大学要么刚毕业，心理年龄比她小太多，无法产生共鸣。年龄比她大的，要么阅历太深，要么想找一个小一点儿的、单纯一点儿的女孩子。她做不到装纯装傻，也不愿意看别人探究的眼神，只好就这样单着了。

我想，聪明人的孤独，就像是高手的寂寞，是我等庸碌之人不能轻易了解的吧！刚好我还认识一个人，自己生活了几十年，目测还将继续独自一人生活下去。她是我所认识的人中，最不容易感到孤独的一个。

我妈妈的同学杨阿姨，五十出头，至今未婚。

杨阿姨不算漂亮，却很精致。未曾生育，身材保持得很好，脸上永远化着淡妆，头发一丝不乱地盘在脑后。年少时我不理解她，对她隐隐有同情，长大后，和她接触多了，感受到她的智慧，对她，就只剩下钦佩了。

杨阿姨的职业是初中语文老师。她曾经有一个知心爱人，比她大几岁，刚好赶上了上山下乡，去了乡下，被血吸虫病留住，再也没回来。

之后十多年，杨阿姨都沉浸在失去恋人的悲伤中无法自拔。家里给她介绍了很多对象，她却只思念他，无心恋爱。就这样一直蹉跎到了三十岁。

三十岁的时候她猛然惊醒，才发现自己蹉跎了这么多年的岁月。这时候，逝者在她心中已然成了永恒，是时候该为自己活了。

在那个普遍早婚的年代，三十岁的“高龄”，孩子至少都上小学了，杨阿姨却未婚。因为耽搁了时间，她在“婚恋市场”上只能降低要求，别人给她介绍的，尽是二婚带娃之类的男人。

觉醒之后的杨阿姨，面临婚嫁的压力，倍感孤独。她试着和自己不喜欢的男人交往，等到谈婚论嫁时，她终究是不愿意委屈自己，反悔了。也就是在那一刻，她了解了自己性格里很重要的一项特质：宁为玉碎不为瓦全。

从此，杨阿姨反而看开了。不结婚又怎么样呢？如果身边的人都过着一模一样的生活，她是个特例又如何呢？试试好了，就算失败，赌的不过是自己的一生。

从此，杨阿姨的心彻底平静了，不再追求世俗的一切，反而把自己投入到高洁的精神世界之中。

杨阿姨和她那英年早逝的爱人，都是文学爱好者。他们相恋的时候，市面上能找到的文学作品不多，每次见面，两人都如饥似渴地阅读。当她打定主意一个人的时候，已经工作很多年了，学校图书馆、市面上的书店，她可以通过各种形式来阅读自己喜欢的书籍。于是很多年的时间里，她都一头扎进文学的海洋里，从中寻找现实生活中所不能得到的幸福和快乐。

路遥在《平凡的世界》里，借孙少平之口说，饥饿来袭时，如果手里有一本书，就足以抵抗饥饿。生活困顿时，晚上躲在昏黄的灯光下读一本书，就不觉得白天的生活有多苦。

沉浸在书中的人，因精神高洁而不觉世间之恶，杨阿姨就是如此。在她眼里，她的书房就是她的天堂。她不仅读，还下笔写，在无数个不眠的夜里，她和她笔下的人物一起经历喜怒哀乐。这么多年以来，发表过她文章的文学期刊，摞起来比她还高。

我也是文学爱好者，因此，和杨阿姨走得特别近。每当我心中有困惑时，就会找杨阿姨聊聊天。可以说，某种程度上，她是我的精神导师。

年少的时候，我曾经问过她，一个人吃饭，一个人睡觉，是否会感觉到孤独。当时她是这样回答我的，她说当一个人能完全搞定自己的精神生活时，她是不需要精神伴侣的。当一个人的精神力量足够强大时，孤独在她眼里就什么都不是。

杨阿姨还说，决定单身的这二十多年里，她从来没有去思考什么是孤独，她也从来没有感觉孤独过。

我问她，生病的时候呢？

杨阿姨笑笑说，疾病是每个人都无法避免的。的确，生病的时候，人会变得相对脆弱，但脆弱主要是来自哪里呢？主要就是没有人照顾会很不方便。但也不是没办法克服，相熟的老师或朋友，都住在同一个城市里，提前拜托就好了。而且一个人生活习惯了，自理能力和意志力也会变得特别强，也就不会惧怕生病带来的脆弱感。

另外，为了抵御疾病，这么多年杨阿姨一直在坚持锻炼，也很注意饮食和养生。好的生活习惯让她保持了健康，很少生病。

五十岁的时候，杨阿姨联系了市里一家比较好的养老院。可以说，她已经为自己的将来做了合理的安排。她不怕孤独，从来都不怕。

我不知道从未生育过的杨阿姨，内心深处对儿女是否有所祈盼，她自己也从来没有表露过。但她利用工作的便利，资助了很多个贫困生。逢年过节，她家比谁家都热闹，那些她教过的学生、资助过的贫困生都会来看她，跟她聊天，陪她说笑。可以说，她用自己的实际行动诠释了什么是“桃李不言，下自成蹊”。

我有时候在想，像杨阿姨那样的人，应该活得特别坦然吧。虽然她是一个人，但她的精神生活异常丰富，珍爱自己和他人，一直行善，同时还有保障自己老年生活的物质基础。即使年轻时，曾有那么几年感觉到孤独，但当她战胜了孤独感，孤独就再也不会吞噬她的心。

相反，正是由于年轻时就想明白了孤独的意义，使得她不必困于世俗琐事之中，有了更多时间去探索自己的内心，才能活得更加丰盛。

现在的年轻人，由于成长环境和自我需求的原因，在奋斗期的很长一段时间里，都将可能处于一个人的状态。有一小部分人甚至会像杨阿姨一样，因为某些原因，一辈子一个人度过。我们获取信息和知识有多容易，就有多容易感到孤独。如果不能战胜孤独，则会在很长一段时间内处于精神困顿的状态之中。而我认为，每一个成年人，都应当拥有战胜孤独、与孤独相处的能力。只有战胜了孤独，才真正拥有了在生活中战无不胜、攻无不克的强大信念和能力。

我们终将变得身姿柔软

我平日里忙于带孩子，有时间宁可翻闲书，也不愿意刷微博，再加上对章子怡不太了解，所以并没有太关注她。虽然在别的公号里能偶尔看到她的一些新闻,但我还是想不起来翻翻她的微博，看看她都说了些什么。今日无意中看到一个好友转发她最新的微博，看到她晒了宝宝照，忍不住乐：那造型，趴着，微微抬头，戴着常见的尖尖的小帽子，背景虚化，看起来很可爱。真是常见，几乎所有拍百天照的宝宝，摄影师都会建议这个造型吧。没想到，大名鼎鼎的国际章，晒出来的宝宝照，居然也是这样的，还真是与民同乐呢！

顺手点开她的主页，又看到了两条微博，一条是关于带孩子打预防针的，另一条是在玩孩子的气球，她的这几条微博获得了我的好感。我也是做妈妈的，我也会抱着女儿去打预防针，也会拿着她的玩具玩得不亦乐乎。虽然我的女儿不可能有章子怡女儿那样优越的生活条件，但我想，在对待孩子上，我们的心情是一模一样的。

忍不住想到了以前的那个她。那时候，她是一个多么坚硬的女人啊！大名鼎鼎的国际章，美丽而又充满野心。她的着装永远不会出错，男友一个比一个地位高，虽已拥有很多，却总是一副无法满足的表情。娱乐圈就是一个名利场，她仿佛身穿铁布衫金钟罩，所向披靡刀枪不入。进攻的剑有多快，神经就有多紧绷。名气有多大，就有多招人嫌。

后来爆发的各种负面事件给她的形象画了一个大大的叉，广大群众对她只有冷眼旁观和冷嘲热讽,却没有一个人替她说句话。那些年，我简直怀疑她是否有粉丝，甚至出现了一种错觉——像她这样的人，怎么可能会有人对她产生好感呢?

她的每一段恋情都有人唱衰，就算不唱衰，大家也只是冷冷地看着。和汪峰在一起，更是让人跌破了眼镜。可她却不为所动，仍然坚信自己的选择是对的。

只是慢慢地，人们越来越发现，曾经的那个章子怡不再那样坚硬，取而代之的是柔软和妥协。她缓缓地从高空落入人间，成为一颗凡尘的石子。一个曾经全身长满尖刺的人，好像一下子就有了软肋。因着这软肋，她的盔甲也替换了。以前是刀枪不入，现在却隐隐含光。

我不知道，她是如何从这条蜕变之路上走过来的，拔刺应该是一种很痛苦的感受吧。但我想，她应该是很喜欢现在的这个自己的，因为我看到她连笑都开怀了不少。

我的身边，曾经也有不少这样的姑娘。年轻的时候，可能受了一些苦，偏偏性格好强，不允许自己随波逐流，总是想要争，于是姿态就变得特别不好看。“争”其实是一个很不好的词，因为只要争，就会有挫折，就会狼狈，就会受伤。好强的人受伤之后，首先学会的不是坚强，而是故作坚强，于是就有了一个孤绝的、防备的、刀枪不入的个人形象。然而此时的刀枪不入，就如炼坏的钢，看似坚硬，实则脆弱。

会有人敬佩，会有人说，这姑娘真不容易，却不会有人喜欢。在这个世界上，无论怎样的男人，他们喜欢的女人永远是嘴角含笑，姿态柔软的。若真有人喜欢上一匹小狼般的女人，那很可能是发生在言情小说里。

然而彼时的她，永远不知道那种随时都要战斗，随时都会受伤的神态有多招人厌。遇到挫折，特别是人为的挫折时，甚至会产生一种全世界都对不起自己的心态。恨不得跟全天下的人讲：“你知道我有多努力吗？”

等过了些年月，认识一些人，经历一些事，才明白当初的自己有多么可笑。你的努力，关别人什么事？凭什么大家都应该认同你？就因为你曾经比较苦，就因为你付出更多吗？别搞笑了，这世上从来没有无缘无故的爱，更没有无缘无故的苦，你现在的一切，都是自找的啊，因为是你自己选择了这条路不是吗？如果一个陌生人肯帮助你，要么是他人品好，要么是，你值得！而一个随时都准备战斗的人，又凭什么指望别人帮助你呢？不落井下石就不错了。

想明白了这些，心态就逐渐变得平和了，不再动不动愤世嫉俗，觉得世人都对不起自己。如果有一天，深入接触那些手段多高明，姿态就有多柔软的女人，才有可能从她们身上突然领悟一个道理：以柔克刚，古人诚不我欺。

然而这个时候，还不能称之为了悟。非得等到有一天，有了甜蜜的负担，有了软肋，才会真正拥有由内而外散发出来的女人味，才能做到真正的身姿柔软。

别配不上野心，别辜负了苦难

晚上临睡之前，突然想起一件事，便连忙把眼罩推上去，摸黑拿起手机给小萤发微信。我知道她是夜猫子，通常两三点才睡，这还不到十二点，现在正是她精神最好的时候。

果然，她秒回了。聊完事情之后，我随口问她在干吗。

她截来一张图，是 PPT 文件。我发现那个 PPT 长达两百多页。她说昨夜熬通宵写完的，今天跟拍了一天广告片，一直没抽出时间，所以只能现在修改。

拍广告片这件事，她跟我说过，她们公司的新产品，请了某一线明星拍广告。小萤作为总监，本不必亲力亲为到现场盯着，派手下的策划去跟就好。但这次的广告片非常重要，公司重视，她也重视，所以就亲自出马了。我虽然没亲自跟拍过广告片，但也能想象到那是怎样一副兵荒马乱的场景。小萤既然去了，以她那事事操心、处处寻找新角度的性格来说，现场指挥权只怕就完全落在她的手里了。而她居然前一天还在通宵写 PPT！真不愧是名副其实的工作狂。

我问小萤：“多久没睡了？”

“你知道我的，我一天睡三四个小时足够了。吃完早餐睡一个小时就去跑步，回来再洗个澡，一整天就精神抖擞了。”她没直接回答我的问题，而是说了这么一大堆“废话”。

我就知道，她是怕我责怪她不爱惜身体，才讲得这么迂回。可她越委婉地解释，我就越生气。因为心疼她，所以生气；因为生气，所以口不择言。我说，因过度劳累而死的，都是你们这些社会精英。

她半天没说话，我见她不想回复，便懒得再跟她继续讲下去。反正身体是她自己的，自己都不知道珍惜，我说了又有什么用呢？我闷闷地放下手机，把眼罩拉下来，继续睡觉。

第二天早上五点半起床，准备写稿。刚拿起手机，就看见她发的消息，一共有两条。

第一条：有些事情，我完全可以推给下属去做，这样我的负担会轻很多。可有些不行，比如那些紧急又重要的事情。我做能达到九分，别人做只有七分，我即使安排了别人做，自己也会亲自跟，并力争让自己做到十分。这样，不仅不耽误事儿，还能取得更好的效果。

第二条：我有时候也会想，为什么要这么拼，但想来想去也没有确切的答案。如果非要给一个解释的话，那可能就是因为，我不想让我的努力程度配不上我的野心，我的所得辜负了我经受的苦难吧！

几句话说得我湿了眼眶。其实，以小萤的家庭条件来说，哪儿受过多少苦难呢？普通城市家庭的独生子女，父母虽并未给她创下多少家业，却也没有多大负担。她在工作后所受到的苦难，不过是毕业那两年租不起好房子，支撑不起更高的消费而已。然而这些事情，大部分独自生活在大城市的人都要经历，并没有多了不起。而她，才工作没几年，就已经有了房有了车，已经领先同龄人很大一截了。

我想，她所说的苦难，大概是她至少长达五年时间，内心始终为之煎熬的一件事吧——她没能考上好大学。

大家都知道，我的朋友小萤智商不低，勤奋度也足够，然而却只考上了一个三本学校，即使复读一年，依然没能考上好大学。这一直是她心里的憾事。

读书的时候，小萤比大部分同学都要努力。她每日废寝忘食地学习，却不知道为什么，那些知识总是吸收不进去。她高一高二成绩非常好，到了高三，十次考试有五次成绩会下降，有些题目明明会做，但最后却没有拿到高分。

她每天都活得特别焦虑，除了吃饭睡觉之外，剩下的时间几乎都用来学习。然而这份努力，除了让她得了偏头痛和神经性厌食症以外，并没有太大的收获。最后，若不是因为生病而被医生告诫不能再复读了，说不定她还会继续复读一年。

到了大学，她还是不甘心，大一就在外面报了个培训班，心心念念想要考北京某知名大学的研究生。上了三个月，准备交下一季度的学费时，培训班的老师私下找她，跟她说，她不是读书的料，让她不要再浪费这个钱了。

她的眼泪当即就下来了，问那老师，她已经那么努力了，凭什么还这样说她？老师意味深长地对她说，你杂念太多，目的性太强，不够专注，无法静心，看起来很努力，却并没有真正投入进去。这样的学习方式，钱花再多也没有用。

她当时并没有听明白老师的话，还想继续纠缠，但老师不愿意多讲，只说，你听我的，先停一停，不要只想着考好大学的研究生。把目标降低，只要能在这所大学顺利毕业就好，如果还想读书，毕业后经济独立了，考在职研究生也不迟。

那天晚上，她是流着泪回到宿舍的。打了几个小时游戏，深夜十二点的时候，打电话给她的好朋友，问，她是不是智商有问题，才会总也学不好。

她那个朋友沉默了一下，跟她说，你只是不适合读书而已，不要勉强自己了。

这依然不是她想听的答案，她“啪”的一声挂断了电话。心里却在想，既然大家都认为她不适合读书，那就不要读好了，好好玩几年，混到大学毕业再说。

这时候的她，已经有些破罐子破摔的意思了。然而也正是这一段时间的破罐子破摔，居然让她找到了另外一条路。

有一次她路过一个公交车站，无意间看到广告牌上有一个商家在征集广告语。她突发灵感，顺手记下邮箱地址，回去之后写了几条发过去，居然得了个二等奖，拿了一万块奖金。她的自卑一下子得到了治愈，从此，就很关注各方面的商业征文或征广告语。然而又接连投了很多次稿，却一次都没有中。

她总算明白了，那次偶然得奖可能只是运气，从此，心也就淡了。这时候她已经上大三了，想着既然学校和专业都不行，总得为毕业后找工作做点什么吧。于是她左思右想，最后决定去学平面设计。由于她对这门学问非常感兴趣，所以学得还不错，大四上学期就找了两份兼职，毕业后也顺利进了某家公司做设计师。

刚开始的时候，她特别认命，总想着用心未必有好结果，无心插柳反成荫，工作上就不紧不慢混着。可是也就上了不到一年的班，她发现自己的工作总是受到策划和创意的限制。虽是平面设计师，虽有很多细节她提供创意，但主脑仍然是别人。于是她心一横，干脆又学做策划，没有抱太大希望能转行，只是认真学着，想着反正大不了还能继续做设计。然而令她没想到的是，经过用心学习和琢磨之后，她的想法越来越多，越来越得领导的赏识。有一次策划生病了，她自己动手做了个 PPT，领导居然大加赞赏。之后没多久她就升职了，从此就像开了挂一样，事业上一帆风顺，一步一步做到了高层职位。

走了这么多弯路，磨炼了这么多年，她也成熟了不少，突然就想明白了当年培训班老师跟她说的话——你杂念太多，目的性太强，不够专注，无法静心，看起来很努力，却并没有真正投入进去。这样的学习方式，钱花再多也没有用。

她想明白了，自己以前是很努力，但总想着要成功，要考多少分，考不到就会很焦虑。夜里学习到三点，第二天头脑昏昏沉沉，这其实并不能提高学习效率，反而是一种磨损。她目的性太强，总想着结果，反而无法达到学习的最好状态。

学设计、学策划，她并无太多目的性，也不孤注一掷，只是用心去做，不问未来，不考虑结果。不逼迫自己，反而很幸运地找到了最好的状态。

她想明白了，以前的努力，只是让自己看上去很忙碌，苦了心智，劳了筋骨，却因为好高骛远，达不到想要的结果。

她说，她不想让努力程度配不上野心，也不愿意让所得辜负了经受的苦难。我想，她真正的意思只怕是，现在的她，知道自己要什么，拥有最好的精神状态和工作状态，能时刻投入当下，不自卑、不焦躁，不需要和自控力及拖延症做斗争。状态好的时候，就好好珍惜，争取往前走得更远。遇到瓶颈期，就放松心情，慢慢来，等待机会迎头赶上。

我了解她的担心和害怕，她怕状态好的时候不努力，状态不好时，后悔就来不及了。

可是，突破性格限制之后的她，了悟之后的她，此生还能有多少状态不好的时候呢？

你老公有钱，和你有什么关系？

认识了一个二十出头的小美女，普通城市家庭出身，很单纯。因为长得美，从小到大有很多人追，就有些心高气傲，一直想要嫁个有钱人，改变自己的社会阶层。

刚好，我也认识一姑娘，嫁入了所谓的豪门。

那姑娘叫晓雯，是我初中同学。她性格活泼开朗，我们像闺蜜一样相处了一年，还发誓要一辈子在一起。初三时，她父母离婚，她要去别的城市，我泣不成声，和她约定，长大之后挣了钱，就到同一个城市居住，在一栋楼里买房子，最好住对门儿，楼上楼下也不错。

本来还有联系，高中我去了外地的学校，她在陌生城市也有了新的生活，大家各奔东西，逐渐就联系不上了。所以 15 年之后，再次辗转联系上对方，还知道都在一个城市，我不由得兴奋不已。晓雯要约上另外一个同学一起聚聚，我自然满口答应。

吃饭的地方是晓雯订的，档次很高。她说她常来，有贵宾卡，能优惠不少，我们就来了。晓雯一副主人的样子，拿着菜单唰唰唰点好了菜，竟然都没问我们想吃什么。虽然她的自作主张让我有些不快，但看到她样子变化不大，跟小时候一样活力无限，熟悉感袭来，便没有太在意。我很高兴，和她攀谈起来。

刚说了两句话，她就问我：“哎，你是不是整容了啊？”

“没有啊，我怕疼，不敢在脸上动刀的。”我上初中时，是个小胖子，体重一百二，脸上有痘痘。生完孩子之后努力健身，现在九十多斤，脸小了五官就显得立体，再加上皮肤光洁，学了很多的化妆术和穿搭术，看起来确实比那时候漂亮了许多。

“我不信，你肯定整容了，要不然怎么会变得这么漂亮。”

我尴尬不已，强笑说：“哈哈，我就当你在夸我漂亮吧。”

“整容又没什么啊，你跟我说说呗，这有啥！”

在晓雯的连珠炮下，我无奈地说：“真没整，也没那么多闲钱去整容。”

一说到钱，晓雯就兴奋了，问：“你老公干什么的？有没有钱？你们住在哪儿？”

得知大熊是一个上班拿薪水的员工，她撇撇嘴说：“你太傻了，嫁个自己做生意的有钱人，一辈子吃穿不愁多好啊，居然嫁给一个打工的，不知道你怎么想的。”

——我现在也吃穿不愁啊，并不觉得老公打工有什么不好。更何况，结婚首先考虑的不应该是有没有爱情吗？

我还没来得及说话，晓雯就噼里啪啦地说开了：“我老公在深圳和上海都买了房子。我今年过生日他送了我一条金项链，就是这个，好看吧！前段时间又给我买了燕窝，因为之前送的胶原蛋白胶囊好像没什么用……

“我老公可喜欢缠着我了，我在家带二宝，早早就睡了，他半夜一两点回来还要把我弄醒让我陪他聊天……

“我老公喜欢打高尔夫球，我家大宝现在也在跟着练，他们玩的时候我就跟他朋友的太太一起喝茶聊天。我老公每周都去打……”

她言必称老公，实在让我不知道该说什么好。我只好转移话题：“你还记不记得上初中的时候……”

她打断我：“别提小时候啦，那时候多傻呀！哎，我跟你说我老公……”

我和那个同学插不上话，只好托腮听着。那天晓雯带了女儿来，我听得无聊，就帮她女儿夹菜，照顾她吃喝。她女儿胖墩墩蛮可爱，不时冲我笑。

于是整顿饭就在那个同学托腮打哈欠，我照顾小姑娘吃喝，小姑娘不停吃喝以及晓雯不停说话中度过。几个小时过去了，晓雯就说了一件事：老公很好，很有钱，很爱她。

想到晓雯父母离异，多年颠沛流离，就觉得她得到幸福真是否极泰来，衷心为她感到高兴，也就没介意她炫耀了一晚上老公。

吃完饭该买单了，我坐在外面比较方便，就主动起身结账。晓雯吵着说“我来我来”，却并不掏钱。那个同学则没表态。

我买完单回来，晓雯让她女儿递给我四百块钱，说：“妈妈说妈妈请客，不让你出钱。”

可是晓雯啊，你不知道这顿饭需要一千多吗？让小朋友拿四百块钱来，而且是我刷完卡后拿来是几个意思？但毕竟是儿时闺蜜，我不愿意把她朝坏处想，就问：“是贵宾卡打完折的价格吗？我忘记你有贵宾卡了，你怎么不早点把卡拿出来。”

晓雯有些尴尬，说：“卡在我老公那，我本想拿过来用的，但他昨天晚上没回家，况且，也打不了多少折。”

哦，原来卡是你老公的，不是你的呀！

我因为孩子小，吃完饭就撤了。自从那次见面以后，晓雯就不停在微信上找我聊天，话题只有一个：老公多牛，高尔夫打得多好，还爱骑马，天天接触各种有钱人，当然也有很多买私人飞机的土豪朋友。

我越发不耐烦，渐渐地开始厌烦她这种说话方式。你老公有钱和我有什么关系？需要你不停跟我说？甚至你老公过着光鲜靓丽骑马打高尔夫的生活和你有什么关系？你还不是在家做家庭主妇，一个人带两个娃，每天睡眠不足，而老公也鲜有搭手？你兴奋地讲着自己一个人带着两个娃去爬山有多么能干，能干确实能干，我也十分佩服，可一只手抱着小娃，一只手拖着大娃爬山的时候，你老公在哪？在高尔夫球场？在私人游艇或飞机上？在马场参观有着好几种贵族血统的汗血宝马？

不仅如此，晓雯发朋友圈的频率也非常高，无外乎那些晒恩爱的文字和照片，一天三四次的自拍，两个小朋友各种场合各种样子的照片……于是我终于下定决心屏蔽她，并且再也不想和她聊天或见面了。并不是我的嫉妒心强，而是我们的社会阶层不一样，她的那些炫耀和阔太太们说比较合适，像我这样的普通老百姓，就算了吧。

有一天，那个一起吃饭的老同学突然问我：“朱迟迟，你怎么不理晓雯了呀？”

我心里五味杂陈，不知道该说什么好。屏蔽晓雯，我心里非常遗憾，毕竟我们曾经是那么好的儿时伙伴——我们曾经趁父母不在时通宵在床上狂欢压塌了一张床；我们曾经一起逃课跑到铁轨旁睡了一夜；我们曾经约定长大了要住在一栋楼里，你住一层我住二层一辈子不分开……

但是不好意思，当我天真地以为再见面大家应该能够像往常一样真诚地分享彼此的生活，交流彼此的心理状态，分担彼此的情绪压力，没想到却变成言谈举止全是炫耀、攀比，变成三观完全不同导致没办法相互理解的尴尬……她觉得我的生活简直一塌糊涂，而我却看不上她那表面光鲜亮丽，私下也许就是一地鸡毛的生活。

道不同不相为谋，我们都会有更适合自己的朋友，祝福她的人生一路顺利，而恕我无法再与她同行。

后来听跟我们在一起吃饭的那个同学说，虽然晓雯的老公非常有钱，但每个月给她的零花钱很有限。她的朋友圈都是阔太太，出去喝几次咖啡就花完了。而且平常在家里她老公就是大爷，她在家里根本就没有地位，任她老公呼来唤去的。其实她的日子也不好过，也许炫耀就是为了弥补内心的空缺吧。

原来如此，难道这就是所谓的豪门生活吗？没有平等的地位，那和代孕妈妈、住家保姆有什么区别呢？ 如果嫁给有钱人，只能过这样的生活，我宁可租房住，打工挣钱，起码我是家里名副其实的女主人。

后来我跟那个想要嫁入豪门的年轻姑娘讲了晓雯的故事，跟她说：“老公有钱不如自己有钱。与其想着嫁入豪门，过阔太生活，不如努力修炼自己，做自己的豪门。如果实在做不到，就降低要求，有情饮水饱，和男人一起奋斗，自己挣面包。”

那姑娘笑了笑，说：“真要对我这么抠，我就不嫁了。”

说得好听。执念这么重，真要有个豪门肯娶，哪怕明知道是火坑，也会朝里跳啊。说不定心里面还觉得自己长得漂亮，魅力无限，能把老公改变成三好五好男人，你好我好大家好，你的钱就是我的钱呢！

别逗了好吗？每一个有钱男人身边，都至少围绕着一打想要嫁入豪门的漂亮姑娘。漂亮在有钱人那里，不算稀缺资源，他凭什么选你呢？有钱人肯娶回家的，要么是各方面条件匹配的，也就是所谓的门当户对，要么是精神上能匹配的，要么就像晓雯那样，完全做个傀儡，生个孩子照顾家就好了。

人的欲望当与自身条件相匹配，看影视作品或消费主义广告，就虚构出一种“我想要的生活”，并希望未来的男人能够满足自己，这是痴心妄想。跨越阶层是一件很艰难的事情，自己奋斗，或许还有两分希望，靠嫁入豪门，除非老天爷瞎，豪门也瞎。

唯愿此生，憎恶写在脸上

我见过很多教养特别好的姑娘，外表坚强，内心柔软，细致体贴。为别人着想，遇事儿不抱怨，看见不喜欢的人，笑脸耐心应对。不浮躁，不浮夸，努力工作，认真做事，像旭日阳光般，给人温暖的感觉。

27 岁之前，我就是这样的姑娘。但是 27 岁生日那天，我许了一个愿望：唯愿此生，憎恶写在脸上。

我知道这并不容易，因为我们从小就学会的一个名词叫作“得体”。长大后，为了生存，为了适应环境，更是得戴着面具生活。一个把憎恶都写在脸上的人，是没办法应付吹毛求疵的上司、莫名其妙的客户、贪得无厌的亲戚的。在人们眼里，憎恶都写在脸上，必然处处碰壁，别说工作了，就连生活都会出现问题。

那么，对于一个像我这样，以得体的状态生活了 27 年，早已习惯成自然，且得到了实实在在好处的人，为什么那么迫切地想要变成一个完全相反的人呢？

那是因为，戴着面具生活了那么多年，真的很累。久而久之，就会忘记自己的本性，忽略了自己的内心需求，以满足别人的需要为己任。处处得体，必然处处受到桎梏。得体而又温暖的人，虽然人生的道路宽且广，走起来相对容易。但遇见麻烦的几率也会比一个把憎恶写在脸上的人要多得多。

因为人都有趋利避害的心理。遇到麻烦，第一个想起的，是那个好说话的人。人更会看脸色，被好说话的人拒绝了，起码不会伤自尊，求一求或许他会答应。而不好说话的人，拒绝总是那么的斩钉截铁，苦苦哀求，对方甚至可能恶言相向。

更有一些人，欺软怕硬，柿子专挑软的捏。对着好说话的人，什么过分要求都敢提，不好说话的人，反而要仔细想想自己是不是太过分了。

这世上没有绝对的好事，有多少机会就有多少危险。脾气有多好，麻烦就有多少。网上有人问《欢乐颂》里，你最喜欢的人是谁？得票最多的是关关。最想成为谁，却又变成了曲筱绡。虽说她身上的富二代光环起了很大的作用，但那种“外表甜美内心强硬，骨子里爱谁谁”的劲儿，真是太让人羡慕了。

别人眼里，你是一个什么样的人，这由性格决定，更由选择决定。林黛玉和薛宝钗，同样生于钟鸣鼎食之家，但是在大观园里，所有人都知道，有事可以找薛姐姐，而那林妹妹，却是个极不好说话的。

我想，薛宝钗肯定是羡慕林黛玉的，羡慕她的随性，羡慕她想哭就哭想笑就笑，憎恶写在脸上。甚至贾宝玉看见薛宝钗珠圆玉润的胳膊，都会心想：若长在林妹妹身上，或许可以摸一摸。

这种想法，他没说出来，宝钗自然不知道。但我想，若她知道了，拂袖而去的同时，只怕会心酸不已吧！喜欢上一个人，《欢乐颂》里的曲筱绡可以把自己的脚捏红拍照跟赵医生撒娇获取他的同情，而性格沉稳的关关却选择了将这份爱埋在心底，就连最后忍不住采取行动，也只是写了那么一封含蓄的信。同样，《红楼梦》里，宝钗和黛玉都喜欢宝玉，黛玉会对着宝玉使性子，宝钗却只能苦口婆心劝他上进。

端着太久，就养成了行为定势，以为自己只能端着了。

在很多人眼里，宝钗相处起来更容易，是最合适的结婚对象，就连王夫人、贾母都如此认为。但在故事中，宝玉却只为黛玉心动。

若《欢乐颂》还有续集，不知道温文尔雅的赵医生会如何选择。即使最终选择了让自己感到舒服的关关，但能在他内心引发爆裂般激情的，怕是只有曲筱绡了。

所以，我想说的是，我做了二十多年关关，现在只想做曲筱绡。

当了二十多年薛宝钗，现在只想成为林黛玉。

我当然知道把面具摘下，憎恶写在脸上并不容易。面具是负担，却也是掩护，一旦丢弃，可能会多走很多弯路。然而即使如此，也得丢啊！人生那么短，把笑脸和耐心留给重要的人，做自己爱做的事多好。何必为了一个好人缘搭上时间、精力和快乐呢？

当然，在决心憎恶都写在脸上时，我也同时做了另外一个决定：努力做事，努力挣钱，苦练本事和技能。做人要用实力说话，而不是委曲求全看人脸色。

人生的舒适区本来就很少。一个从小就被教育要得体的人，一旦决定把憎恶写在脸上，她的舒适区必然会更少。但，那又如何呢？即使现在做不到完全丢弃面具也没关系，穷尽一生为了这个目标而努力，一点点地砍掉负累，总有一天，你会轻装上阵！

第四念

04 生活是海，你是船

偶尔发脾气的好处

我和小萤一起看电视，有一个故事情节逗笑了小萤：温柔多金的高富帅总裁突然对着下属发了通邪火，下属们噤若寒蝉。而他发火的原因,只是因为他那个灰姑娘女朋友莫名其妙作了一下。

小萤说：“这电视演得太假了，现实生活中，身居高位的人，除非根本就不在意事业，否则是不会随便发火的。他们的每一次发火,都是事先想清楚了的,带着一定的目的,是为了发火而发火,是处理问题的一种方式，而不仅仅只是发泄情绪。”

这个观点对于我来说，还挺新颖的。可我却不认同，连发火都有预谋，人生还有什么意思呢？小萤和我不同，她是事业上的女强人，待在一家以宫斗和站队闻名的大公司里，见惯了血雨腥风，才会说出这样的观点吧！

小萤问我：“你觉得我脾气好吗？”

“当然啦！”我和她做朋友那么多年，还没见过她跟谁大吵大闹。唯一的一次发火，是我俩一起去买衣服，她买单之后发现有瑕疵，让服务员拿件新的来，服务员抱着衣服到后面仓库转了一圈，又把那件拿出来，她当场指出来，但对方不承认，让退钱不肯退才发的火。

提起那次发火，小萤印象倒也深刻。她问我："那你记不记得我发完火之后又干了件什么事？"

我仔细回忆了一下，当时她疾言厉色地指出服务员的小聪明，差点把那服务员骂哭，之后突然又用软语温言跟她说："我跟你们老板是朋友，每次买衣服都在你家买。没有新的你告诉我一声就好了，大不了我等你们下次进货，不必这样骗我的。"

说完，她不仅没再强烈要求退钱，反而拿着那件有瑕疵的衣服走了。

那家店的老板跟我俩都认识，平时倒也能玩到一起去，但算不上多铁的交情。小萤在店里发了一通火之后，那老板打了好几个电话跟小萤道歉，还要请她吃饭。那天我也去了，那老板当场把衣服钱退给了小萤。小萤没说啥，收了。改天买了套玩具送给那老板家的闺女。一来二去，两人倒处成了朋友。

小萤跟我说："你知道我为什么要发火吗？我不发火的话，我吃了亏心里憋闷，而他们老板也未必知道这件事。我发出来，当时的确让她难堪，却也是在提醒她，做事最好不要耍小聪明。她老板知道这件事之后肯定会跟我道歉，除非她愿意损失一位老顾客。她退我钱我收了，下次我再买礼物送去，做人就做到位了。那老板反而会觉得我这个朋友值得交。”

小萤接着说：“我在公司也很少发火。除非遇到不发火解决不了的事情。比如说，下属耍小聪明蒙骗我，或者其他部门对接人员故意给我使绊子，加大我部门的工作量和工作难度。对方的错误太明显，我确定能一击即中，且能确定对方下次不会再犯，才会发火。发火的目的是为了告诉对方，不发威只是脾气好，不要轻易拿我当病猫。”

我得承认，小萤说服了我，并且让我不由得想起上次跟我婆婆发火的事情。

我婆婆是个分寸感特别差的人，过来住的时候，总喜欢充主人。家具按她的要求摆，做饭按她的要求做，动不动以过来人的口吻对我耳提面命。还有我那大姑子，向来刁钻刻薄，一副我嫁给她弟弟就成了她们家奴隶的嘴脸。看在大熊的面上，我不想跟她们把关系搞僵，就一直强忍着。可他们以为我好欺负，在我家颐指气使不说，还挑三拣四。我忍无可忍之下终于爆发了，当场对她们吼了起来。

吼完之后，他们都离开了。大熊知道我那段时间受了委屈，倒也没说什么。只是我和婆婆以及大姑子的关系，就变得很微妙了。她们跟我说话，就有些小心翼翼，还总喜欢背着我悄悄给大熊打电话。

我毕竟年轻，经验不足，看着她们在背后跟我老公说悄悄话，只能默默生闷气。大熊比我年长几岁，他知道我这样一直和婆婆别扭着不是长久的办法，就背着我做了些事情。比如给他妈妈买衣服，说是我买的。比如给他姐打电话，说我正在做饭，让他带话问好。

一开始我不太理解，反而觉得他有些多余。直到后来，女儿小宁突然生了病，而家里的钱被套在股市里，一时拿不出来那么多。他跟他妈妈说了，他妈妈头天把钱寄了过来，第二天人就到了。

我是不欢迎的，但人来都来了，总不能赶她走。这一次，婆婆不仅全心全意帮我照顾孩子，而且事事以我的意见为主。

我见好就收，对她也分外客气起来。我们的婆媳关系，找到了新的平衡。

现在想想，虽然那次发火并非刻意，但确实给我带来了好处，起码让我婆婆知道了我不会一直忍让，逼急了，也是有脾气的。

我跟小萤讲了这件事。小萤说：“对呀，偶尔发脾气这种事用管理学讲也能讲通。胡萝卜加大棒理论你很熟悉吧！发脾气是给一棒子，事后再给一根胡萝卜，运用得当，人都能为你所用。就像你和你婆婆，你忍着，心中有气，她不知道，你们之间的关系就特别疏远。你发了脾气，或许她一时难以接受，但事后买东西给她，关心她，尊重她，她就知道了，你当初发火，只是因为她挑战了你的底线。这种状况多发生几次，你们之间不仅相互了解了，反而能相处得更好！”

小萤继续说：“当然了，为发泄发脾气也不是不可以。但一定要想好，这次气撒了，以后关系还能修复吗？如果是永远无法修复的关系，那就不要发脾气了。发脾气的前提一定是和颜悦色无法解决的事情。发脾气最重要的是，态度表达出来就好，内心未必真生气。至于那些可发火可不发火的事情，还是不要发火为好。要知道，生气伤肝。”

听了她这一番话，我真心觉得，这姑娘已经活成人精了。

你是否也曾“灯下黑”

我娘家远，回去一趟不容易。我虽没有上班，但为了照顾好大熊和小宁，一年到头也回去不了多少次。我回去的次数少，大熊去我家的次数就更少了。他只有放长假或休年假的时候，才有空跟我回去一次。

因为不常回家，所以每次回去，我父母都把我们一家三口当成宝，不让干一点儿活不说，什么好吃的都搬出来，恨不得让我们一顿吃完。在对我和大熊的好里，又有区别。他们对我再好，也总有做错事说两句，或偶尔指派我洗个碗的时候。对大熊，从来都是客客气气，只夸奖，不批评。说起我俩的生活，也总是说我不懂事，让大熊多让让我，多担待我。每次听到这种话，我都会跟他们说，我怀疑大熊才是他们亲生的，我是捡来的。他们也只是笑，不解释。可是后来发生的一件事，才让我明白，别说大是大非了，就算是一点小事，他们潜意识里也会选择，不让自己的亲生女儿受一点儿委屈。

有一次在娘家，我和大熊因为一件小事争执起来，我爸妈当时的反应，现在想起来还历历在目。

我和大熊在家也经常为一些事情起争执，毕竟是原生家庭和成长经历完全不同的两个人，再怎么三观一致，也总有意见不合的时候。小吵怡情，我俩早已习惯，更何况大家都是成年人，吵过就算，日子还得继续过下去。

但我爸妈就不这样认为了，他们几乎没有和我们一起生活过，不知道我们夫妻相处的日常状态，一次争吵就把他们给吓着了。

那次，我们关上门在房间里争吵，他们听见了，就把门推开，把我和大熊叫到客厅，要跟我们谈一谈。

我俩有些莫名其妙，不知道他们要谈什么。我爸从宏观谈到微观，从男人的社会责任谈到家庭责任，讲了至少有十分钟我才明白，他主要是想说，大熊是男人，吵架时该让着我——可这也太委婉了吧！

我妈呢，比我爸直接多了，虽然并没有说很多话，却句句都在点子上，总之就是一句话：这件事是大熊不对。

等我俩终于获准回房间后，我跟他说，但凡我俩意见不同，那就是你不对。

大熊忍不住乐了。见过不讲理的，没见过这么不讲理的。

说实话，事后想想，我也觉得我爸妈的反应有点过了。第二天，我跟我妈聊天，说起这事。我问我妈，当时她和我爸反应怎么那么激烈。我妈说，她和我爸听到我和大熊吵架，就很心疼，以为大熊欺负我了。

我无法形容听到这些话时的心情，除了哭笑不得以外，剩下的就是满满的感动。尽管平时他们对大熊比对我好，但那也只是看在大熊是我丈夫的份上。即使我的丈夫不是大熊，是另一个人，他们也还是会这样做。而他们对他好的目的，也只是希望，他能对我好。

但我就不同了，我是他们的孩子，他们偏向我的时候，是没有是非观的。无论我是否受了欺负，只要看见我跟人起了争执，哪怕是我的丈夫，他们的第一反应都是：很心疼。

那种“无论世界怎样，我都站在你身前”的保护欲，或许就叫真感情吧！可是这个世界上，也只在有真感情的情况下，才容易“灯下黑”，从而不问是非啊！

我有个朋友，孩子挺大了，前一阵子老公出轨了。出轨对象是未婚女同事，一年了，她才发现。发现后，她没找她老公的麻烦，而是去了女孩家里，当着女孩父母和邻居的面，把那女孩一顿数落。随后，那女孩就辞职了，告别父母，远走他乡。

朋友说起这事，还一脸愤恨，提起她那个中途走歪的丈夫，气就不打一处来。她问我：“朱迟迟，你说我要不要离婚呀？”

看着她那明明心里有答案，还要故意来问我的样子，我就有些生气。可我也能理解她。

每个人对出轨这件事的理解都不同，三观正常的人，首先要找的，不是小三，而是自己的丈夫。因为小三不归自己管，而丈夫，或许还是可以管一管的。而有些女人，就像我这个朋友一样，听说了整件事之后，先把丈夫放一边儿，因为丈夫是自己人，然后转身就去责骂报复小三去了。回过头来，或许会收拾丈夫，但大多数都会选择原谅。

这样的女人，不是因为心够大，而是她们更爱自己的丈夫。因为爱，就把他当成自己的孩子，帮他找借口，想着，这世上哪有人不犯错，犯错了只要回头就好。再转而把一切的错误都归结在小三身上，认为是小三勾引了她原本老实的男人，见了小三，恨不得生吃了肉，生饮了血。她们根本不会去想，这世上有很多小三都不是故意的，是一不小心被小三的。

当然也有一部分女人，是因为太爱家庭，为了家庭才委曲求全，饶过那个犯了错的丈夫。

但是很显然，我的朋友属于前者。对丈夫盲目的感情，让她“灯下黑”，看不见丈夫的错，只看见小三的错。

我知道她心里怎么想，虽不赞同，却不打算多说，以免讨人嫌。因此，我对她说，她自己的家事我不好评判，让她自己决定。

还有一个未婚女性朋友，第一次去男友家见家长，就哭着出来了。明明两家家境相当，个人条件也匹配，她工资甚至比他还高一些，但男友的妈妈却总觉得她高攀了他们家，各种挑剔指责，甚至恶意攻击。

她很不理解，跟我说：“这世上怎么会有这么坏的老太婆？我又没招惹她，怎么能这样对我？第一次上门，就把我数落了一顿，我要不是看在她儿子的份上，我决不会忍她那么久！”

我知道她心里有气，一直憋着会很难受，就想着等她发泄完再发表意见。她用了个把小时的时间，一直在说男友妈妈的坏话。终于，我听烦了，问：“你男友呢？他是什么态度？在他妈妈用不公平的态度对待你，恶意挑剔你、攻击你时，他在做什么？”

朋友总算是从情绪的深渊里走了出来，吞吞吐吐地说：“他当时没说话，过后也跟我说，他妈妈太过分了。”

我正准备说些什么，朋友立马替男友找借口说：“一边是他妈，一边是我，他妈又那么凶，他也没办法。”

我听着她那越说越小的声音，知道连她自己都不信自己的话。不过也可以理解，深处爱情之中的女孩，被爱情的糖衣包裹着，无法看清他的真面目，也不会明白，正是因为他的懦弱，才会导致女友被自己的母亲欺负。女孩宁可相信，在这次的言语攻击里，他和她一样，都是受害者。而其中唯一的那个恶人，只是他妈妈。

当然，从他妈妈的角度看，她又何尝没有“灯下黑”呢？明明自己的儿子条件一般，只是因为爱他，就把他看得特别高，认为天仙都配不上自己的儿子。于是才会在遇到好姑娘时，尽情施展自己数落和指责的“本领”。

电影《重返 20 岁》里有个人物关系设置，让我印象特别深刻。

老太太沈梦君年轻时守寡，独自一人带大儿子，并将他培养成大学教授。年老之后的沈梦君脾气大、挑剔、唠叨、重男轻女还自以为是，仗着自己于子有功，常在媳妇杨琴面前倚老卖老，说话句句带刀。

杨琴四十多岁，身体不太好，精神压力极大，时时头疼头晕。她早就不想和婆婆沈梦君同住，和丈夫提了很多次。可他那贵为大学教授的丈夫因为愚孝，明知道妻子的病因来自于母亲，却一日日拖着，连句反驳的话都不敢对母亲说，只劝妻子想开些。杨琴每天忍着，坚持吃药，直到精神压力过大而住院，他才“忍痛”把母亲送到养老院。

看到这里的时候，我就在想，作为儿子，他已尽到为人子的责任。可作为丈夫呢？只怕是不合格的吧！为什么宁可委屈妻子，宁可看着妻子忍受精神上乃至肉体上的压迫，也不肯跟母亲说一句重话？想必是对母亲的爱和一颗感恩的心，让他屏蔽了自己的眼睛，从而看不到妻子经受的委屈吧！

站在妻子的角度想，这个丈夫可恶极了；站在丈夫的角度想，作为双面胶的他，何尝不委屈？但在我们这些看客眼里，之所以会把事情弄那么糟糕，只怕就是因为感情里的“灯下黑”吧！

往深处想，还真是可怕，人在很多时候，潜意识并不受理智或是非观主导，却要被感情左右。对于我们自己来说，能做的可能就是，当自己遇到同时涉及感情和是非的问题时，尽量理智一些、公允一些吧！

挣脱原生家庭的束缚

有一阵子我的心情特别不好，就去跟做心理咨询师的朋友聊天，聊着聊着就聊到了“原生家庭”这个概念。咨询师朋友说，大部分来访者咨询的时候,咨询师通常都会追溯到他的原生家庭。比如说，原生家庭不完整，从父母那里得不到爱的人，长大后就学不会爱别人，性格也很容易变得孤僻。再比如，童年时期受过虐待的人，相对更容易患反社会型人格障碍。

她拿张爱玲和她弟弟举例。

张爱玲的母亲和父亲离婚，远走国外，抛下两个孩子不管不顾。张爱玲作为姐姐，冷眼看父亲的冷漠和继母的绝情，一心想要逃离这个家，却无处可去。后来，母亲把她接到身边抚养，却也并没有给予她太多温暖和关怀。等她成年之后，拥有了赚钱的能力，所想的第一件事就是还母亲的钱。似乎还了钱，就可以和母亲恩断义绝了。

母亲临死前想要见张爱玲一面，但她不肯见。说起母亲死后留给她的花瓶，张爱玲说，上一辈人防我们就像防贼，这么好的花瓶，看都不让我们看一眼。

张爱玲甚至在文章中写她不愿意生孩子，认为自己一定会对他很坏，那就是“替母亲报了仇”。

张爱玲的这种性格，与原生家庭有很大关系，正是由于儿时所受的不公平对待，才导致了她对亲情的冷漠和坚硬。而她的弟弟，小时候受继母虐待，形成了孤僻的性格，终身未婚。成年之后，却时时维护继母，看起来倒有点像斯德哥尔摩综合症了。

同样的例子还有女作家萧红，才气比天高，却有严重的性格缺陷。且不说她怀着一个男人的孩子跟另一个男人在一起，单说她的孩子出生之后，她都不闻不问不管其死活就足以让人脊背发凉了。究其原因，也与原生家庭有关，她从小到大，只在爷爷面前感受过温暖，且只有短暂的几年时间。小时候经历的都是冷漠，长大后才会用冷漠待人。

由此可见，原生家庭对一个人成长的影响确实非常大。

我问咨询师，原生家庭对个人的影响是否真的就不能摆脱呢？

咨询师说不是这样的，人本身就有趋利避害和自我修复的能力。18 岁之后，就是一个成年人了。成年之后，会经历很多事情，在此期间，会通过读书、思考、接触不同的人来改变一些观念和看法，性格也会随之不知不觉地改变。有的人，受好环境的影响会变得越来越好，有的人，则在悲剧的深渊里越走越远。对于原生家庭带来的坏影响，有些人边成长边修正，25 岁左右，基本就能摆脱了。但也有些人，一辈子都无法摆脱。

后来咨询师讲了她自己的故事。

她的父亲是一个脾气特别不好的人，总是因为一点点小事就要发火，甚至会动手打她的母亲。她的母亲非常软弱，遇到事情只知道哭。她从小就在鸡飞狗跳中度过，从而导致她特别不相信和谐的男女关系。她 21 岁第一次谈恋爱，那个男朋友人其实很好的，但她总怀疑他会打她、他会出轨、他会离开她。每个人都有缺点，他也不例外，她便把他的缺点无限放大，但凡有一点点忽视存在，她就会立刻责问和生气。

第一次谈恋爱，她不懂得给彼此留空间，只要一次联系不上他，她就什么事情都做不了，夺命连环 call，能连打几百个。

最后，她终于把他逼走了，走得义无反顾。

第二个男朋友，又是差不多的原因而分手。这个男人跟第一个不一样，分手时他直言她有病，建议她去看心理医生。

她虽然没有去，却并不是什么事情都没做。最痛苦的时候，她拿起了心理学的书籍开始研究，想要知道自己为什么明明想做一个温婉热情的女孩子，却常常控制不住自身的情绪，最终变得歇斯底里。

就是因为内心有太多的困惑，想要了解自己，想要改变自己，她才逐步走上了心理咨询师的道路。

每个人的性格里，都带有原生家庭的烙印。因为没有完美的父母，所以就没有完美的原生家庭。每一个人，都必须要边成长边修正，才能长成众人眼中的正常人。

她这样一说，我就释然了。现在的人，获取信息的渠道那么多，想要探索自己的内心，机会也比以前的人多太多。不一定要专门去学心理学，旁观父辈们的过往，再对比自己的现今，和那些阳光积极的人做朋友，多观察多聊天，挣脱生而就有的原罪，让自己的内心不再受肉身局限的煎熬，这一切的一切，并不是不可能的事情。

切掉肿瘤的痛只是一时，尚且能够忍受。怕就怕原生家庭的罪如癌细胞，扩散至全身，影响一生。只有拿出破釜沉舟的勇气，甩掉原生家庭带来的性格束缚，才能获得新生。

关于人情这件事

看《纸牌屋》看出一身冷汗。主人公厄克特在首相的连任竞选中功不可没，本以为自己会入内阁任职，首相却并没有给他相应的待遇。他心怀怨恨，利用自己能够掌握内阁机密和党内人士隐秘的优势，操纵官员，利用媒体，围剿内阁人员，清除对手，扫除障碍……他是天生的政治家，在给他人做嫁衣时，惊艳四方。怀着目的为自己办事，照样横扫千军，成为首相最想杀之而后快的对手。

不知道首相后来有没有后悔，我要是他，只怕肠子都得悔青。身边忠心耿耿的一条狗，突然变身为狼，一转身的工夫，獠牙和利嘴就朝向自己，发起致命一击。这只怕怎么都没有想到，若能想到的话，之前也就不会那般怠慢了。

但换个角度想想，今日之结局，不正是昔日种下的因吗？如果没有当初的亏待，怎么会有后来的报复呢？首相连任本就惊险，好不容易上位了，却并没有好好对待立下汗马功劳的功臣，而是转身用一副冷淡的嘴脸对待厄克特，也难怪厄克特会报复了。

从对待功臣的态度上来看，首相显然并没有熟读中国历史。狡兔死走狗烹的故事，在中国历史上一而再再而三地上演，刘邦设计擒韩信，朱元璋的老战友无一能幸免。也就赵匡胤好一点，杯酒释兵权，不废一刀一剑就把事儿都给解决了。

我们身边何尝没有这样的故事呢？亏待了对自己有恩的人，早晚都会付出代价。

我十岁的时候，我妈在厂里上班，遭遇第一次裁员，并不是全裁，只裁一部分。因为我妈平时说话不太注意，裁员名单里有她。厂里管财务的一个阿姨提前看到了名单，随口跟厂长提了一句，说我妈做事还不错，于是厂长就把我妈从裁员名单里剔除了。

那个阿姨当天晚上就来我家说这件事儿，言辞之间暗示我们应该感谢她。口头上的感谢当然有，但她走后，我父母商量了半天，拿不准她的话是真是假，就决定先放一放。过了几天，裁员名单出来了，那阿姨说的那几个人，果然都在名单上，这下子我父母相信，她应该是帮了忙的。我父母在家说，得送些礼，以示感谢。可不知道为什么，他们的拖延症那么严重，一两个月过去了，始终没有行动。那个阿姨的不满越积越重，却并没有说什么。终于有一天，她在工作上挖了个坑让我妈跳进去，然后当着厂里很多人的面，揪住错处把我妈数落了一顿。

那次之后，没几天我妈就突然遭遇了调岗——上夜班，辛苦，还工资低。一问之下，就她一个人调岗，我妈说肯定是那个阿姨搞的鬼，再拿礼物去她家说好话，已经来不及了。

我妈做了一段时间之后，实在受不了就辞职了。还好后来又在另外一家企业找到了工作，不然我们家的日子可就难过了。后来我妈每次提起那个阿姨都有些咬牙切齿，我小时候不懂，跟她一起讨厌那个阿姨。长大后回过味儿来，才惊觉，虽然那个阿姨是个十足的小人，但这事儿大部分的责任其实是在我妈身上啊！

她帮我妈，这不是我妈主动要求的。但当时的情况是，我妈很需要她的帮助。她算是我妈职场上的恩人，然而我妈并没有立刻回报，而是一直拖沓，也没给个明确说法，直到把那阿姨拖得没有了耐心。阿姨和《纸牌屋》里的厄克特是何其相似啊！

我这个人是很怕欠人情的，如果欠了，我也会想办法把人情尽快还回去。遇到一些事情，能用钱去解决，我也尽量不会用嘴来搪塞。

但是小萤却不太赞同我的观点，在她看来，人与人之间的感情，就是在反复欠人情中建立起来的。

小萤举了个例子。她们公司有个总监，为人极傲，对谁都是一副不愿意搭理的样子。因为工作上有来往，小萤尝试着跟她搭上话。可她只有在工作的时候才会跟小萤多说几句，其他时候，无论小萤怎样示好，她都是一副拒人于千里之外的样子。

后来，小萤无意间请她帮了个小忙，并适时感谢了她，没想到从此以后，两人的关系居然变得好起来，而小萤也成了她在公司为数不多的朋友之一。

我得承认，小萤说得很有道理，但我想，她所有与人情有关的东西，都是礼尚往来，才会收获好的结局。这也得分人，先尽量了解清楚人品，是君子，我会率先发出善意的信号，如果一不小心欠了人情，也会尽量还。若是小人，趁早离得远远的，不得不欠人情的情况下，想尽一切办法还，还不了，也会说明白，只要有机会一定会还上。绝不像首相和我妈那样，糊里糊涂，就得罪了恩人。

当然，在力所能及的情况下，我还是很愿意帮助别人的。宁可让别人欠我，也不愿意欠别人。我理解每个人都有各自的不易，所以我在帮助别人之后，不索取，不惦记。

严于律已，宽以待人，这两个标准虽然并不能让我如鱼得水，但起码不会出现太大的问题。但是毕竟谁都有看走眼的时候啊！你永远不会知道，刚刚还在对你言笑晏晏甚至卑躬屈膝的人中，哪一个会在转眼间朝你捅出恶毒的刀子。

所谓“突然”，皆有伏笔

最近，微信公号后台突然多了几个跟“突然”有关的读者咨询。

一个人说，女儿读小学三年级，向来乖，学习成绩也很好。最近不知怎么了，突然厌学，不肯去学校，考试成绩也特别糟糕，本来是中上游，突然就变成了倒数。问该怎么办。

还有一个人说，和女朋友逛街吃饭看电影，本来好好的，送她上出租车时，她突然提了分手，没给他反应的时间，就离开了。等他想起来问怎么回事的时候，才发现所有的联系方式都被她拉黑了。问究竟是怎么回事。

还有一个人，在公司做了很多年，一直觉得公司还不错。突然有一天，老板把他叫到办公室，跟他说，公司开不下去了，打算遣散一批员工，因为他比较资深，先让他离开，这样他还能领两个月的补偿，后面的人可能就什么都没有了。问为什么会这样。

我猜，问这些问题的人，大部分应该都比我年龄大。刚好，我也有一个跟“突然”有关的故事，想要讲给他们听。

我多年前认识的一个朋友叫君君。君君四岁的时候，他的母亲突然疯掉了。

好好的一个人，性格挺腼腆的，特别喜欢孩子。有一天早上起来梳头，梳着梳着就看着镜子不动了。一坐好几个小时，谁推她都不动，再推，就从凳子上直接倒地上了。

去医院检查，没什么事儿，也没摔着。医生说，大概是太累了，睡一觉就好了。接回家，安置在床上，也听话，让闭眼就闭眼，让睡觉就睡觉。再次醒来，一开始好好的，正常穿衣服，正常吃饭。饭吃了一半，把碗摔了，开始唱歌，唱着唱着就开始摔东西，什么都朝地上扔，就连衣柜，都用尽全身的力气掀倒。

从此以后，饭也不做，衣服也不洗，孩子也不带。就连自己也不收拾，头发油腻腻，脸上脏兮兮。不锁在家里的话，就往外面跑，一旦跑出去，就得花大力气才能找回来。有一次，找到她的时候，她正在垃圾堆里翻发霉的食物吃。

送过一段时间精神病院。彼时，君君家里就只有爸爸一个人在工厂挣钱，养活君君和两个几乎没有劳动能力的老人，生活压力非常大。所以，君君的妈妈住了一段时间的精神病院就住不起了，只好把她带回家。

君君的爸爸是个好人，他辞了工厂里的工作，在离家不远的农村租了间房子，养了一院子鸡，还承包了一个鱼塘。除了去鱼塘以外，他到哪儿都把君君的妈妈带在身边，跟她聊天，照顾她。

那些年，他看了很多治疗精神疾病方面的书，还到处打听土方法，就是为了治好她的病。也多亏了多年不离不弃，就像突然犯病一样，君君十六岁的时候，妈妈突然就痊愈了。

说起这事儿，君君还一直感叹，夸他爸爸是好人。据他说，他从来没见过那么温柔的男人，每天都帮妈妈擦脸，她犯病的时候，他就站在旁边收拾。她不吃饭，他就哄着喂。君君说，要不是他爸爸，只怕妈妈永远都没有机会痊愈了。

君君一直坚信，他妈妈之所以犯病，是因为性格内向，喜欢多想。我问他怎么知道的，他说是他爸爸讲的。因为对他们家的事情不了解，我也不好多发表意见。只是他妈妈为什么生病，倒成了未解之谜了。

半年前，他突然再次跟我提起他妈妈，说他收拾家的时候，无意中看到一本他妈妈当年的日记，日记记载了她当年的生活。原来，他妈妈婚后并不快乐，丈夫性格沉闷，对她的辗转心思，不仅不了解，更不关心。

彼时，他在工厂上班，她在家做家务。孩子出生之后，她有一段时间特别抑郁，想要跟他聊聊，但是他晚上回到家就躺床上呼呼大睡。

而君君的爷爷奶奶，仗着是长辈，就指使她做各种事情，还出言不逊。她在这种暗无天日的生活里感到无比压抑，一开始出现幻觉，后来又出现幻听。她想极力控制，却控制不住……

君君说，他看了那本日记，才知道他妈妈是怎么疯的——是被生活逼疯的。

妈妈得了精神分裂之后，爸爸才追悔莫及，像是一夜间长大，洞悉了丈夫该有的责任和义务，这才用百般温柔待她。然而精神疾病哪有那么容易好？他用了十多年的时间，才让她好起来。

这世上，哪儿有那么多的突然呢？所有的突然，在到来之前，都伴随着漫长的伏笔。如果没有察觉，那是因为缺少一双发现的眼睛。或者是对生活过于麻木，对身边的人和事，关心太少。

那个“突然”厌学的小女孩，曾经发生过什么事情呢？被坏学生欺负？被老师横加指责？或者，尽力了，却收效甚微？

那个“突然”提分手的女朋友，离开之前，曾有过哪些行为上的失常，是否有过不满的暗示？

“突然”就要倒闭的公司，是否遇到了资金上的困难？如果没有，那老板可曾无意间透露过，对他很不满，这只是辞退他的一种委婉说辞？

“突然”背后的深意，只怕也就只有当事人知道了。

再见，糟糕的人

有一个读者加我微信，诉说心中烦恼。事情是这样的，周末全家一起短途游，她穿得美美的，正要出门，老公看了她一眼，不悦说，你都三十多岁了，怎么穿得像个少女一样。她感觉很扫兴，但也担心自己是不是穿得有些过火了，不符合自己的年龄，于是就去换了T恤仔裤。衣服虽换了，但一路上心里总感觉不舒服，想着生了孩子之后，短期无人带，只好辞职在家做全职奶妈，天天素面朝天，两套家居服换着穿。好不容易出趟门，打扮一下，却被老公这样说，心里真是委屈极了。

她发来一张照片，是当时打扮好之后的自拍，她想让我评价一下，是否真的过分了。

我看了那照片，其实还好，妆容和头发简单大方，赫本风小黑裙，配珍珠项链珍珠耳钉，根本就不夸张，唯一可能稍显年轻的，大概就是那双彩袜了。可那彩袜，颜色也并不过分，不粉不嫩，以绿色做主打色，青翠欲滴，活泼却不显张扬。

那身装扮，放在任何一个城市里，都算得上是中规中矩，就连三四线小城市，这样穿也没什么问题。而她的年龄，也才刚刚三十出头，配那身衣服很正常。

我心里这样想，嘴上也就实话实说了。我告诉她，我有很多特别卡哇伊的衣服，有些款式和颜色甚至和我女儿的很相像。如果你这套都过分，那我的衣服大半都不能穿了。

她问：“那么，你老公会嫌你打扮太少女吗？”

我说：“怎么会？只有我嫌弃他穿得老气，没有他嫌弃我太时尚的。”

她苦笑，说真是人比人气死人。

我还没说什么，就收到了她长达几千字的吐槽。什么她老公平时穿得像大爷，虽勤快顾家，却古板无趣至极。她生完孩子最胖的时候，体重高达一百三十斤，脸上全是斑，自己都不好意思跟他一起逛街，他还觉得挺好的……

我赶紧打断她，问她现在多少斤，她说一百斤，还要再减十斤才能达到生孩子之前的水准。

这下子我懂了，她是一个对自己要求很高的女人，身材不好就健身减肥，脸上有斑就努力调养，穿衣打扮上，也有一定的心得。

而他，却是一个品味很糟糕的男人。他们在这方面的眼光和追求是完全不匹配的，这样说来，他的评价对她是无效的，她大可不必为此介怀。

可她却不这样认为，她说生活在一起的两口子，是互相影响的。如果他始终觉得她打扮太年轻了不好看，即使她心里不这样想，但最终可能还是会被他的观点左右，就像这次一样。如果她一直妥协，要不了多久，她就会变成一个只穿黑白灰的欧巴桑。想想就可怕。

我说："那你不听他的不就好了吗？"

她却说不行。她爱他，平时生活中也是他处于主导地位。有时候她心里明明知道他是错的，却还是会听他的，把不高兴的情绪全都藏到心里。

现实生活中，遇到一个糟糕的人，从而把自己也变得糟糕，这样的故事层出不穷。之所以会这样，主要是因为自身的主张性和意志力不够强大，情绪和行为易受荷尔蒙左右，从而丧失了分辨能力，从而导致自己明知道那是错的，也会跟着一起朝错误的深渊里越走越远。

就像那个读者，她明知道老公品位不好，却受他的影响，把赫本风小黑裙变成了 T 恤仔裤。这多可惜。

为此，我给了她几条建议。

首先，她要对自己的看法秉持坚信的态度。即使为此吵架，也要坚持。因为对的就是对的，不能因为错误的人态度强势，就把对的变成错的。

其次要让他明白，他的品位很糟糕，而且，还把她也变糟糕了。

当然，想让他改变观念，并不是一朝一夕就能完成的，要潜移默化地影响他。时尚杂志家里常备，遇见好搭配且适合他的男装，要不动声色地随口一提。给他买衣服，即使十件里九件都不穿，那也得坚持买，只要肯穿，就是进步。平常多留意一些捐赠活动，把他的旧衣服分批次有技巧地捐赠出去。久而久之，衣橱里就都是你给他买的衣服了——我当初就是这么干的。为了避免反弹，不能明目张胆，大肆“入侵”，而是用大量时间一点点蚕食、占领他的衣橱。

最后，非常重要的一点就是——赞美他。只要有进步，就不停赞美，赞美到他喜洋洋乐呵呵为止。

宫崎骏的经典动画《倾耳倾听》里有一句话特别触动我：因为你，我愿意成为一个更好的自己，不想成为你的包袱，因此发奋努力，只是为了想要证明我足以与你相配。

两个人，最好的状态是，和你在一起，我变成了更好的自己。如果你没办法把我变好，那我就想办法把你变得更好。

别着急，只是时机未到

认识一个写作圈的大神，之前写网文，非常火。现已赚得盆满钵满，封笔环游世界。

说起他曾经取得的成绩，我很是羡慕。说起现如今放着众多粉丝不管不顾，满世界乱跑，又觉得可惜。

我跟他说，就像开淘宝店，你开得早，店铺做到金冠，随便卖啥都有忠实老客户买单，却弃店不做了。而我，才开始做，从零开始，没有流量没有经验，每天辛辛苦苦趴在网上十多个小时，也就开那么一两个小单子，挣的钱还不够交网费的。

他笑，说如果我的店前期是靠卖 MP3 起家呢？是赚了些钱，可这年头，已经没人买 MP3 了，我要么转型，要么封店，把传说留给江湖。如果还是卖老产品，无数成本投下去，都可能打了水漂儿，破坏了之前的名声不说，更显得黔驴技穷。

他的这个比喻我倒是懂了，可我总觉得前期积累粉丝不容易，

MP3 不能卖，那就产品转型好了呀！

他说，并没有那么容易。一次假冒伪劣产品，就足以伤害所有的粉丝。他最擅长写西方玄幻，别的题材虽然能写，但并不出彩。前些年，写西方玄幻有很多粉丝看，还能卖游戏版权。可是这些年，西方玄幻不行了，看的人少不说，也不能卖版权了。现在比较流行能转化为影视的小说，这种他写不好，还不如把传说留给江湖，深藏功与名。如果以后西方玄幻再次流行起来，而他又写得动，还是会再写的。

他说，生活中的每件好事，都是时机恰到好处的结果。现在的市场和时机于他不利，要么等，要么去做别的事情，不然结果一定会不尽如人意。

他举了个例子，说起以前一起写书的一个作者。那个人不擅长写玄幻，在现代都市方面却很有经验。他那些年写了几部作品，几乎都扑街了。三年前，他的一部小说恰好被一家影视公司看上，很顺利就拍成了电视剧，他自己也成功转型为编剧。也就这两三年时间，那个作者之前写的小说几乎全都卖了版权，有两三部电视剧即将上映，一时间，他成了电视圈里的新贵。

他说，现在有时候打他电话，叫他出来吃饭，对方都没时间，不是在赶稿，就是要开夜会，友谊的小船说翻就翻了。但他总不能忘记，当初一起写稿时，他经常因为入不敷出而焦虑到失眠。

他跟我说，朱迟迟，我能看得出来，你有时候也会无端陷入焦虑的情绪之中，怕自己写的文章不被读者认可，怕无法出版，甚至还会怕有一天思想枯竭了，再也写不出来。

我苦笑，说我也想过转型，看看能不能写点别的，比如说写点小说什么的。

他点头，说倒是可以试试。然后话锋一转，说，但是你一定要找到自己最擅长写的那种类型，并不断深化它。不要总想着结果。我说过，有时候好的结果没有来，可能只是时机不对的缘故，要跟随内心，不断去做，去准备，去磨炼自己的文笔和基本功。这样，有一天机会来临时，也不至于什么作品都拿不出来。

他说，我从来不相信在这个网络时代，真正有才华的人会被埋没，如果暂时没有崭露头角，可能只是还没到时间。如果真有才华，不必整天为此焦虑，静静等待，终有出头的那一天。怕只怕，在这之前，心浮气躁，想的比做的多，或者盲目追求热点，而不管自己的才能是否适合这方面，最终反而蹉跎了岁月，以至于坏运气伴随终身了。

其他的事情何尝不是如此呢？

我曾经听过一个真实的故事。一个做生意的人，从年轻时就开始投资，却总是不得要领，做什么亏什么。三十多岁时，把全部的钱拿出来孤注一掷，想着就这一次了，如果这次还不成功，就找个单位，老老实实打一份工，再也不折腾了。而就是这最后一次，机会来了。由于积累了很多的经验，所以即使前期经历了一些挫折，但还是平稳度过了，之后便一路顺风顺水，没多久就闯出了一片天下。

所以说人生不要着急，一切还没有实现的好事只是时机未到而已。这正应了一句话：只要你肯来，晚一点也没关系。

对现状珍惜，是因为曾生活在谷底

杨小漾回国，带着女儿小米和我们聚会。

那是个很有趣的小姑娘，才五岁，说话像大人。她说："我不想上学，一想到要上一二十年的学，就觉得人生好艰难啊！"又说："我也不想当大人，虽然可以穿高跟鞋，但要工作才能有饭吃，人生好艰难啊！"还说："我要是我妈，就不生小孩，人生已经这么艰难了，还要养个熊孩子。"

一本正经的话语，逗得我们大笑，杨小漾可能听习惯了，没我们反应这么激烈，只似笑非笑地瞅着她，不说话。趁着她拿钱去买奶茶，我悄悄问杨小漾："这孩子跟谁学的，动不动就说人生好艰难。"

"电视。在美国看了一个综艺节目，有个二十来岁的姑娘，动不动就说人生好艰难，她学会了，天天在我面前装大人，就连家里的马桶坏了，都说人生好艰难。其实，艰难的人生，她根本就没遇见过！"

不一会儿，小米回来了，手里拿着奶茶，边喝边跟我们说：“卖奶茶的小哥一点都不帅，人生真的好艰难啊！”

我们再次没忍住，哈哈哈笑起来，小萤正在喝水，一口水喷出来，说：“你一个小姑娘，动不动就说人生艰难，让我们这些老阿姨怎么活？”

小米看着我们，耸耸肩说：“所以我特别不能理解你们。”

我也不能理解她，还没跌过跟头，不知道人生究竟是什么，就开始大叫艰难了。

我上小学的时候，我妈有一次跟我姨聊天。我妈说：“我现在最羡慕迟迟和她外婆。一个还小，只要把书念好就行了，其他什么事情都不必操心。一个老了，早已退休，晒晒太阳散散步，一天就混过去了。”

我那时候还小，不理解她那些话的意思。后来逐渐长大了，才明白她的那些感叹，也是在说人生艰难。只是，我妈眼里的人生艰难，和小米眼中的完全不同。

彼时，我妈是人在中年身不由己，要带孩子，要工作，要处理各种人际关系。有多大的压力就有多少忧愁，才会生出羡慕小孩和老人这样的想法。却并没有想到，小孩迟早会长成艰难的大人，而老人，也曾经历过艰难的人生。

师太亦舒曾说，为人多艰，金钱难赚，经验越往后越没用。中途不能反悔，不能退场，更不能推倒重来，只能硬着头皮往前走。

想想还真是没意思。大部分的人，从出生的那一刻起，就要面临 hard 模式。除了最初懵懂无知的那些年尚能偷懒，其后的人生，几乎都不能休息。读书时要认真读书，一旦毕业，漫长的一生都在工作。就算混到退休，还得做家务、帮扶小辈，一直到做不动了，才真正能休息。而那个时候，离离开这个世界，也就没多少时间了。

既然人生如此艰难，为什么我们还要每天穿着战袍般的漂亮衣服和高跟鞋，化上面具般的妆容，笑嘻嘻地生活呢？

因为我们没得选。颓废一生还是充实一生，虽未必能让我们生命的长度有所增加，但却能让我们生命的广度有所不同。

杨小漾才到美国的那些年非常苦，要努力读书，要养孩子，手里的钱有限，所以她必须打工，以应付日常开支。美国和中国有时差，好几次上午或下午她突然在网上跟我说话，我问她什么事，她都说没事，就是太困了，聊两句清醒清醒。强撑着不睡的那些夜晚，她不是在读书，就是在做翻译挣钱。

我劝她多休息，不要把自己累垮。她说，我室友也没睡呢，我刚还听到她打字的声音。她那么小，都能坚持，我有什么坚持不了的呢？

杨小漾的室友，也是一个中国姑娘。那姑娘本来家境良好，父母送她出国读书，给她租整套的公寓。那时候，她不知道珍惜，整日挥霍，还总感叹生活没有意思。后来突然有一天，她爸爸破产了，她才知道生活有多艰难。

当时，她有两个选择。要么回家，和父母一起面对困境，要么留在美国，继续完成学业。她是想回国的，可她妈妈一直求她，求她不要放弃学业，就算要回国，也得等大学毕业。

她权衡了许久，决定听妈妈的话。可她离大学毕业还有两年的时间，留在美国，学费和生活费该怎么办？不得已，她从大公寓搬到小房子，和杨小漾合租。她一改往日的颓废，认真读书，努力打工。每天晚上，她从打工的咖啡馆下班回到家，还会看书学习到深夜。她说，要把以前没学好的知识全部学会，这样回国之后才能找到好工作，给父母好的生活。

她和杨小漾，这两个中国女人，在异乡的土地上相互勉励，相互加油。那两年，两个人就像是在比赛，你追我赶，共同进步。

两年过去了，杨小漾毕业后在美国找到了工作，给女儿找了家还不错的幼儿园，带过去的存款不减反增。而那个姑娘也顺利毕业，回到中国，但并没有如预想的那样找一份好工作，而是父母借助曾经的人脉，帮她开了一家小公司。

她们两人经常联系，遇到困难的时候，还是会相互勉励，相互加油。

杨小漾说："曾经生活在底层，才知道，还有机会奋斗，是多么的幸福。见过人生的黑暗，才知道光明是多么的美好。活着确实艰难，但如果我们努力的话，好歹能让生活变得稍微容易些，能让孩子少经历些人生的艰难，这也就够了。"

在杨小漾的童年和青少年时期，她从父母那里得到的爱太少了。现在对小米，她始终有一种补偿心理。她吃过的那些苦，受过的那些罪，并没有跟小米说过。自小米懂事起，就住在大房子里，妈妈才去美国时遇到的苦难，她未曾感受到。

杨小漾在用自己的方式，保护着女儿那颗天真的心。但我想，过些年，等她再大一些，她就理解了，虽生而艰难，但正是因为没有退路，也没法重来，才更要努力通过前方的关卡。

无论是积极生活，还是消极对待，都能过此一生。无论你是积极还是消极，藏在人生暗处的那些艰难困苦，该来的都会来。但如果努力的话，就能把负面情绪和现实艰难做一个分割，对困惑进行化解，获得人生的助力。

如果没有杨小漾这么多年的努力，她可能跟村里的那些小伙伴们一样，十七八岁就找了人家，二十出头就拉扯着好几个孩子。如果是那样，她的孩子现在肯定是在村里玩泥巴，而不是说着流利的中文和英语，喝着奶茶，学电视上的人夸张地说“人生真是好艰难啊”。

我们选择什么样的态度度过一生，决定了我们这一生将会过成什么样。世界上最难通关的游戏就是生活，不能中途退出，不能推倒重来，不能选择 easy 模式，想要玩下去，就必须比其他玩家具备更强大的宽容度、忍耐力以及舍得心态。只有尽力打掉路上的每一个怪，捡来每一颗宝石，用以装点人生，我们才能成为真正的人生赢家。

有些事，要动嘴别动脑

有一次和我妈聊天，我问她：“你还记不记得小时候，有一次全家一起逛街，我看中了一个头饰，要十几块钱。那时候十几块钱很值钱，我要买，你不肯给我买，倒不是心疼钱，主要是因为我是短头发，那个头饰只适合长头发戴。我哭了好长时间，最后爸爸给我买了。”

“有这回事吗？一点都不记得了。”

“怎么没有。那天哥哥也跟去了，他要买一个飞机模型，那个模型要三十几块钱，你都给他买了。他都有两个飞机模型了，我以为你不会给他买的，结果你还是给他买了。”

“你说这些，想表达什么呢？”

“那年我十来岁吧，你对我和哥哥的态度差别太大了，我耿耿于怀了很多年，一直到上大学，心里还有疙瘩。我总觉得，你更爱哥哥，而爸爸更爱我。”

我妈吃惊了，问：“你青春期的时候可叛逆了，我让你做点什么事儿你都不去，净跟我闹别扭，跟你爸比较亲，是不是就因为这个？”

“可能是。”

“有一次，我俩吵架，你骂我后妈，我哭了一晚上。”

“有这回事吗？我一点都不记得了。”这次轮到我吃惊了。

“你爸还劝我，说童言无忌，让我不要跟你计较。第二天早上，我红肿着眼睛起来给你做饭。本来不想给你做的，想到不做你就没得吃，就得饿着肚子上学，还是起来给你做了。然后自我安慰，后妈要是哭成那样，是不会起来给你做饭的，这说明我还是亲妈。”

想到我曾经让她那么难受，就有些自责，只好不作声。

她说：“后来很多年，我都在想这件事，想你为什么脾气那么差。后来我看了一本书，书上说，在青春期，因为荷尔蒙的影响，很多女儿和母亲都是敌对关系，和爸爸比较亲。等那段时间过去之后，母女就能亲密无间了。”

她一边说，一边凑到我跟前，神秘兮兮地说：“等小宁到了青春期，你就能体会到我当初的心情了。”

“我不信。”我轻轻推了她一把，就像闺蜜那样。

人的记忆有时候真是奇妙。我妈不记得我为了一个头饰耿耿于怀了很多年。我不记得我曾经口无遮拦，说她是后妈，并让她为此难过了很长时间。

而这个难过的背后，并不是因为事件的本身，而是怀疑对方并不爱自己。于是把对方想象成假想敌，把自己想象成受害者，内心戏天天上演，寝食难安，沉浸在不愉快之中，而对方却什么都不知道。

类似的事情，也曾发生在我的好朋友晓楠身上，并且差点因此失去了婚姻。

晓楠的丈夫大关是她的大学同学，两人毕业后没多久就结婚了。婚后，晓楠上班，大关创业，头几年，他们的生活非常艰难，靠晓楠有限的工资应付两人的日常开支。后来，生意逐渐走上正轨，他们在那个城市买了房子和车子。

大关不忍心晓楠太辛苦，就让她辞职在家待着，他每月给她生活费。一开始，晓楠尚觉新鲜，每日逛街美容就把时间打发了。但是久了之后，她就觉得很无聊了，不停给大关打电话发短信问他在做什么。

大关很忙，有时候并没有回复得很及时。晓楠就很不开心，以为他没那么爱自己了。

有一天，中午吃饭的时候晓楠给他打电话，听见他那边有女人的声音，就问他在做什么，他说在陪客户。晓楠虽然有些嘀咕，却并没有多说什么。

那天晚上，大关回来得特别晚，晓楠一个人在大房子里待着很害怕。等大关回来之后，她本想跟他说说话，却不料他洗了澡倒头就睡。

第二天，晓楠洗衣服的时候，看见他的衬衣上有红唇印，又惊又怒。想立刻打电话问他究竟是怎么回事，却又不敢。她怕面临真相时，自己无法接受。

最后，晓楠就像所有还深深爱着，不想放弃婚姻的女人一样，选择了沉默。可从此以后，她就再也没办法好好生活了。整日疑神疑鬼，怀疑他和别的女人有染。

他换下来的每一件衣服，她都会仔细检查，看有没有女人的头发之类的。他无意间的一句话，她会分析半天。谈恋爱时都不曾有的试探，那段时间也频繁开始了。

有一天半夜睡不着觉，她悄悄拿起他放在床头的手机，在卫生间偷看他所有的短信、微信、邮箱……没看出什么来，心里反而更不踏实了，怀疑他是不是回家之前全删光了。

第二天，她照镜子的时候吓坏了，那个容颜憔悴、头发枯黄、眼睛深凹、嘴唇干枯的女人，还是自己吗？他一日日胖起来，而自己却把自己折磨成了这副鬼样子。

在镜子前坐了几个小时之后，晓楠做了一个艰难的决定：既然守护这么难，不如放手。

晓楠把打印好的离婚协议书拿到大关面前时，他惊呆了。在他心里，他的婚姻非常完美：他在前方打拼事业，累了困了，家里永远都有一盏灯等着他。虽然她未曾给予他多少帮助，但只要她在，他就觉得人生有依靠。

大关不愿意离婚，反复追问为什么。晓楠这才说了实话，从电话里女人的声音谈起，到衬衣上的口红印，再到半夜三更偷看手机……晓楠说，她受不了这样的折磨了，她要离开。

大关根本就记不起来，那天的电话和口红印究竟是怎么回事。打电话给秘书，查了行程，才想起来，那天晚上陪客户去酒店吃饭，结账的时候，一个女人迎面走来，由于地太滑，她不小心跌倒在他身上，口红蹭在了他的衬衣上。

这番话晓楠信吗？不知道。但在大关的请求下，她没有再提离婚这件事。

为了给自己找点事做，为了安全感，晓楠专门去学了财务。没多久，就把大关公司的账管了起来。从此，他们夫妻之间有了个约法三章，其中一条就是，任何时候心里不舒服，都要第一时间说出来。而不能只放在自己心里酝酿发酵。

《欢乐颂》里，安迪第一次见奇点，就问他有没有结婚。她说，她需要以此判断和他交往的分寸。

我的朋友小萤，也曾经说过一句话：这世上，没有任何事情是不能摊开在桌面上谈的，那些不能说的，不谈也罢。

专注于事业的女人，最大的特点之一就是坦荡。心里有任何想法，都会开门见山讲出来。这样能避免很多人际交往上的尴尬，更不必把时间浪费在试探和别扭上。

沟通是最困难也是最不困难的事情。困难之处在于，想法不同时，会有矛盾和摩擦。最不困难的地方在于，无论任何矛盾，摊开来说，你会发现，那些都不是事儿，说开了就好了。

就如同那天，话说开之后，我妈问我：“当初，你为什么一定要买那个头饰呢？”

“因为我从来没有留过长头发，很羡慕长头发的女生。有了这个头饰，每天看着，就能下定决心不剪头发了。”

我妈恍然大悟：“那你当初为什么不跟我说呢？一直哭，我还以为你是无理取闹呢。”

是呀，我当初为什么不说呢？我妈一拒绝我，我就认为她不爱我，这都是不说带来的副作用啊！